臺灣歷史與文化 研究輯刊

八 編

第 18 冊

論日本統治在臺灣閩南歌謠之映現（上）

羅文華 著

花木蘭文化出版社

國家圖書館出版品預行編目資料

論日本統治在臺灣閩南歌謠之映現（上）／羅文華 著 -- 初版
-- 新北市：花木蘭文化出版社，2015〔民 104〕

目 4+160 面；19×26 公分

（臺灣歷史與文化研究輯刊 八編：第 18 冊）

ISBN 978-986-404-444-3（精裝）

1. 民間文學 2. 文學評論 3. 日據時期

733.08   104015143

ISBN- 978-986-404-444-3

9 789864 044443

臺灣歷史與文化研究輯刊
八　編　第十八冊   ISBN：978-986-404-444-3

論日本統治在臺灣閩南歌謠之映現（上）

作　　者　羅文華
總 編 輯　杜潔祥
副總編輯　楊嘉樂
編　　輯　許郁翎
出　　版　花木蘭文化出版社
社　　長　高小娟
聯絡地址　235 新北市中和區中安街七二號十三樓
　　　　　電話：02-2923-1455／傳眞：02-2923-1452
網　　址　http://www.huamulan.tw 信箱 hml 810518@gmail.com
印　　刷　普羅文化出版廣告事業
初　　版　2015 年 9 月
全書字數　272862 字
定　　價　八編 29 冊（精裝）台幣 58,000 元

論日本統治在臺灣閩南歌謠之映現（上）

羅文華　著

作者簡介

羅文華，國立臺灣師範大學國文研究所博士班畢業，現任國立陸軍專科學校助理教授，曾發表〈古詩十九首的時間意象〉、〈「竇娥冤」中的竇娥形象〉、〈臺灣清代方志中有關原住民傳說之研究〉、〈論蕭紅中篇小說《生死場》中掙扎的人們〉等單篇論文，且曾獲桃園縣語文競賽縣決賽中學教師組字音字形第二名、桃園市語文競賽國語朗讀社會組第三名等獎項。

提　　要

　　本論文旨在研究日本治臺期間臺灣總督府施行的諸般政策與制度在臺灣閩南歌謠中的呈現，及臺灣社會與民眾生活等事項因日本統治權行使於臺灣而受到影響、產生改變，反映於臺灣閩南歌謠中者，另外由於「日本統治」此外在因素與環境影響，民眾因此滋生的情感思想也在探討範圍內。依此研究範圍，若為日治時期流傳的臺灣閩南歌謠，但不見「日本統治」此因素者，就不納入論文研究中；反之，戰後采錄之歌謠，其中可見「日本統治」此因素，能反映日本治臺情形與影響者，則為本論文研究材料。

　　依此問題意識，論文篇章安排與論述內容如下：

　　第一章緒論。包括研究動機與研究方法、題目義界、前人研究成果回顧、篇章架構。

　　第二章歌謠中傳唱的乙未割臺事件。從歌謠內容論析經歷乙未變局的臺灣人對世局的認知，其情感的抒發流露，以及心理動向，另從歌謠中，溯知當日社會景況。

　　第三章歌謠中銘刻的殖民統治政策與制度。察觀有哪些殖民統治政策與制度反映於歌謠中，且由歌謠考見這些統治政策與制度的施行成果，另則由歌謠中所顯露的民眾情感，來看臺人對這些政策、制度的接受度與觀感。

　　第四章歌謠中展示的社會現代化。日本將西方現代化帶進臺灣，使臺灣由傳統農業社會，蛻變成現代化社會，無論物質建設、制度、或社會風氣，均呈現與前清迥然不同的氣象風貌。本章試由歌謠探看臺灣在日本統治下社會現代化的諸般情形，與民眾的現代化感受與迎拒。

　　第五章歌謠中反映的戰爭時期情景。藉歌謠觀太平洋戰爭時期殖民政府對臺灣人進行的各項動員與思想改造，另由歌謠中回溯臺灣人戰爭生活情景，以此勾勒戰爭時期臺灣人民的生活圖像與心理經驗。

　　第六章歌謠中示現的日人治臺本質與臺民反抗心態。日人統治臺灣五十年餘，期間恆以高壓手段壓制臺民；又採差別待遇，歧視臺民，剝奪臺灣人該享的平等權利；另外，經濟方面巧用各種手段榨取之，逼使臺灣人血汗換得的成果為殖民者所獨享。這些治臺本質在歌謠中透過哪些事件示現？對殖民者不公不義治臺本質，臺灣人萌生反抗心態，此種心態在歌謠中以何樣方式呈現？此為本章欲探討之問題。

　　第七章相關歌謠之語言、形式與藝術特色。論文第二章至第六章為對歌謠內容的探究，本章則以搜集到的相關歌謠進行語言、形式與藝術特色之探析。經由分析，除可見這些相關歌謠在前述三項上的特色為何，另外亦可探知「日本統治」此因素對臺灣閩南歌謠的語言、形式與藝術方面的影響程度。

　　第八章結論。對本論文研究課題作一總結，並提出未來相關研究之展望。

目次

第一章　緒　論

第一節　研究動機與研究方法

一、研究動機

　　光緒二十一（1895）年四月十七日，臺灣在馬關條約中割讓給日本，六月二日，交割手續完成。從這時起，臺灣統治者由清廷易主為日本。此後約五十年間，臺灣受日本統治，直到昭和二十（1945）年日本於二次大戰中戰敗，臺灣統治權復歸於中國，才結束這段殖民地歲月。

　　約五十年異民族統治、異文化侵襲，勢然對臺灣人固有生活方式、風習以及文化帶來衝擊。日治時期文人的作品，多有對當時社會情況的呈顯、殖民地人民生活的描寫，反映在日帝這個外來政權統治下，身為殖民地的臺灣，包括土地與人民，因此受到的影響與改變，為那個已經消逝的年代留下了有別於歷史記述的文字記錄。同樣生活在這座島嶼上的臺灣庶民，雖無法如同受過一定教育的文人，精確掌握文字，以文學作品來書寫、反映殖民統治下衍生的種種現象，並寄託己身的感懷，但藉由口頭傳唱的歌謠，他們也構築了屬於自己的文學的時代記錄，亦得以抒發自身的情思。

　　觀研究日治時期臺灣文學的相關成果，近年來由於「本土化」意識興起，帶動學術界研究臺灣文學的熱潮，以日治時期臺灣文學為研究範疇的著作，不論是專書、學位論文，或是期刊、學報中的單篇論文等，如雨後春筍般出現，只要利用國家圖書館的全國圖書書目資訊網、臺灣博碩士論文系統，以及臺灣期刊論文索引系統稍加查詢，即可知悉研究的熱烈情形。就以學位論

文來看，不僅數量可觀，研究面向亦多元化，以下稍舉大概：傳統詩文方面，如王玉輝《日據時期高雄市詩社和詩人之研究——以旗津吟社為例》（中山大學中國語文所碩論，2004）、謝崇耀《日治時期臺灣詩話比較研究》（彰化師範大學國文所碩論，2005）；通論方面，如黃世欽《日據時期台灣人作家作品中所見漢民族意識之考察》（中國文化大學日本所碩論，2005）、楊海晨《日據時期台灣小說中鄉土意識之呈現與轉變》（中國文化大學中國文學所碩論，2007）；文學理論、思潮與運動方面，如翁聖峰《日據時期臺灣新舊文學論爭新探》（輔仁大學中文所博論，2002）、林佳惠《台灣鄉土文學論戰的癥狀結構》（南華大學文學所碩論，2006）；文學傳播方面，如林淑惠《台灣文化協會分裂前的台灣新文學運動（1920～1927）——以《台灣民報》為中心》（暨南國際大學中國語文所碩論，2004）、陳春美《決戰《南方》戰爭體制下的新舊文學論爭》（臺北師範學院臺灣文學所碩論，2005）；文學類型方面，如陳嘉齡《日據時期台灣短篇小說中的警察描寫——含保正、御用紳士》（政治大學中等學校教師在職進修國文教學碩士學位班論文，2002）、呂淳鈺《日治時期台灣偵探敘事的發生與形成：一個通俗文學新文類的考察》（政治大學中文所碩論，2004）；作家合論方面，如林秀蓉《日治時期臺灣醫事作家及其作品研究——以蔣渭水、賴和、吳新榮、王昶雄、詹冰為主》（高雄師範大學國文所博論，2002）、王秀珠《日治時期鹽分地帶詩作析論——以吳新榮、郭水潭、王登山為主》（高雄師範大學國文教學碩士班論文，2005）；作家個論方面，如徐俊益《楊逵普羅小說研究——以日據時期為範疇（1927～1945）》（靜宜大學中文所碩論，2005）、黃立雄《賴和文學作品中的抗日意識研究》（玄奘大學中國語文所碩論，2006）〔註1〕。以上列舉之學位論文，不論主題為何，均以文人的文學活動為論述主軸，這是研究日治時期臺灣文學的主流趨向，由此亦可見出目前在學院的相關研究中，對當時代歌謠等民間文學的探討是頗感欠缺的。

〔註 1〕 上文僅列舉大概，有關日治時期臺灣文學研究博碩士論文詳目，可參方美芬：〈有關台灣文學研究的博碩士論文分類目錄（1960～2000）〉，《文訊》185 期，2001.3，頁 57～66；徐杏宜：〈台灣當代文學研究之博碩士論文分類目錄（1999～2002）〉，《文訊》205 期，2002.11，頁 36～42。由這兩篇文章，可見 1960～2002 間學院之博、碩士生有關日治時期臺灣文學研究之成果。上文列舉之博碩士論文多在 2002 年後完成，或於 2002 年完成，但徐文未及收錄，可以略觀近年來有關日治時期臺灣文學的研究情形。

　　若再觀歌謠研究的成果，以歌謠為研究主題的學位論文，大致有如下幾個面向：歌謠總論，如顏文雄《臺灣民謠之研究》（文化大學藝術所碩論，1964）、臧汀生《臺灣民間歌謠研究》（政治大學中文所碩論，1979）；某類型歌謠研究，如謝玉玲《台灣地區客語聯章體歌謠研究》（中正大學中文所碩論，2000）、張映錦《台灣民間閩南語兒童遊戲歌謠研究》（高雄師範大學回流中文碩士班論文，2007）；主題研究，如劉猷盛《太魯閣戰役後東賽德克群歌謠風格與其生活之關係》（屏東師範學院音樂教育所碩論，2000）、黃佳蓉《從閩南歌謠探討台灣早期的婦女婚姻生活》（花蓮師範學院民間文學所碩論，2004）；某地區歌謠研究，如張燕輝《臺灣桃園閩南語歌謠研究》（臺北市立師範學院應用語言文學所碩論，2002）、許淑月《海島之聲 —— 澎湖褒歌研究》（臺南大學語文教育所教學碩士班論文，2005）；歌謠教學研究，如李雪燕《國小低年級客家歌謠教學實施之行動研究》（臺北師範學院課程與教學所碩論，2001）、張哲榕《客語生活學校施行客家歌謠教學之個案研究》（臺灣師範大學音樂學所，2006）〔註2〕。無論哪種研究面向，以日治時期歌謠為研究主題的學位論文，是極少出現的，與此主題有關者，大概僅有黃文車《日治時期臺灣福佬歌謠研究》（中正大學中文所博論，2005）。

　　由上文敘述可知，研究日治時期歌謠的相關成果，是相當缺乏的。就研究日治時期臺灣文學作品方面來看，研究者多透過探討作家作品的方式，去觀察處於日本統治下的當時候社會的諸般情況、人民的生活與感情，並闡發文人創作背後的意圖，表現出文人對時代的認知與反應。若作家的作品以知識分子為描寫對象，廣大非知識層級的民眾的生活自然得不到反映；即使作家以非知識階層的庶民為描寫對象，如農民或勞工，文中所呈現的人物形象與其情感思想，也無可避免帶有作家的主觀經驗與個人意識在內，作品中所呈顯的庶民的思想意識或許已非其原貌了。著重文人作品，這樣一面倒的研究，對日治時期臺灣文學的研究勢必帶來某部分缺塊，尤其當時社會上稍微受過教育或未受教育的民眾實佔人口的大多數，若能經由庶民傳唱的口頭文學，來了解他們自身的生活經歷、思想感情，不是要較作家的描寫來得直接與真實許多？又或者，在庶民所創作的文學中，有作家未及反映的社會現象。

〔註2〕　有關歌謠研究之博碩士論文詳目，可參方美芬：〈有關台灣文學研究的博碩士論文分類目錄（1960～2000）〉，《文訊》185期，2001.3，頁54～55；及查詢國家圖書館臺灣博碩士論文系統。

在日治時期庶民文學研究少見，而其又為研究日治時期臺灣文學不可或缺的一部分來看，這是頗堪研究的問題。因此筆者遂以「論日本統治在臺灣閩南歌謠之映現」為研究題目，進行探討。希望透過本研究，對日本五十年餘在臺統治對臺灣文學、文化與社會等方面所造成的影響，能獲致更寬廣層面的了解。

二、研究方法

本論文研究方法，第一步從事文獻搜集，廣泛搜閱與論述主題有關之資料，這些相關資料概有日治時期李獻璋《臺灣民間文學集》、片岡巖《臺灣風俗誌》、東方孝義《台灣習俗》、稻田尹《臺灣歌謠集》等書籍，《臺灣慣習記事》、《南音》、《臺灣文藝》、《先發部隊》、《第一線》、《臺灣文學》等期刊，以及《臺灣日日新報》、《漢文臺灣日日新報》、《臺灣時報》、《臺灣（新）民報》、《新高新報》、《三六九小報》、《風月報》等報刊；戰後則以各縣市文化局從事民間文學采錄後出版的結集為主〔註3〕，旁及其他相關籍刊。先從中找尋符合研究主題之閩南歌謠，探擇為原始文獻，然後將原始文獻，按其屬性分項歸類。

在原始文獻搜集、歸類完成後，第二步解讀這些原始文獻，了解其意涵。第三步閱讀與本論文研究主題相關之各類文獻。第四步以原始文獻為主、相關文獻為輔，採分析法、批判法、歸納法、演繹法等研究方法進行探討。在此要先說明的是，本論文題目為「論日本統治在臺灣閩南歌謠之映現」，勢必有歷史事件呈現在歌謠中，或歌謠的產生有其歷史背景，因此論述時，將適時引相關文獻來敘說這些歷史事件與歷史背景，但這些陳述，目的不在以歌謠印證歷史，因為歌謠雖有客觀紀實之處，能反映當時歷史情況，但其作為

〔註3〕 1992年，清華大學教授胡萬川與臺中縣立文化中心合作展開民間文學采集工作，采集工作以鄉鎮為單位進行全面性、廣泛性的普查，采錄人員以當地人士為主。這種普查方式在短時間蒐集到數量不少的資料，在臺中縣石岡鄉才進行幾個月的采集，臺中縣立文化中心就出版了《台中縣民間文學集1——石岡鄉客語歌謠》、《台中縣民間文學集2——石岡鄉閩南語歌謠》二書。有了初步的成果，肯定這樣的普查方式是最有效率的，於是在國科會支持下，胡萬川主持「台灣地區民間文學調查、采集、整理、研究」計劃長達十年，其間合作過的文化中心（現為文化局）有臺中縣、彰化縣、宜蘭縣、雲林縣、臺南縣、苗栗縣、桃園縣、南投縣等，出版的民間文學集至今也已經超過百冊。參林培雅：〈近四十年來台灣民間文學的調查、研究狀況〉，《台灣文學研究學報》第3期，2006.10，頁47～48。

一種文學作品，也必有主觀想像存在，有時或自認是一種現實，但這種現實亦不過是「個人主觀感官印象之經驗而已」〔註4〕，而非客觀事實的再現。

　　另外，本論文尚行田野調查，實地從事歌謠采錄，與訪談熟悉日治時期事情、掌故的人士，以求能掌握第一手資料。在歌謠采錄方面，以此方法所獲之歌謠十分有限，在訪查過程中，許多老者都表示不曾聽聞也不會唱唸，有的唱唸出來的歌謠，又與本論文研究主題不符，所以論文中用作原始文獻之歌謠，主要還是前人的采集成果。在訪談熟悉日治時期事情、掌故人士方面，這主要針對論文中需要而又為書籍中未言及的部分進行訪問，現在口述歷史的書面資料已經相當豐富，這部分訪談，僅作補充而已。

第二節　題目義界

一、「歌謠」釋義

　　本論文題目為「論日本統治在臺灣閩南歌謠之映現」，在立定題目界說之前，先對「歌謠」二字略釋其義。

　　「歌」、「謠」二字最早出現於《詩・魏風・園有桃》：「心之憂矣，我歌且謠。」〔註5〕《毛傳》注曰：「曲合樂曰歌，徒歌曰謠。」〔註6〕另《初學記・樂部上》引《韓詩章句》曰：「有章曲曰歌，無章曲曰謠。」〔註7〕依此觀之，有樂章配合者稱為「歌」，無樂章配合者稱為「謠」。此即段寶林所言：「可以唱的一般稱為歌，只說不唱的叫謠。」〔註8〕雖因有無樂章配合而有「歌」、「謠」之分，但其實兩者的本質是沒有差別的，即如杜文瀾《古謠諺・凡例》云：「謠與歌相對，則有徒歌合樂之分，而歌字究係總名，凡單言之，則徒歌亦為歌。故謠可聯歌以言之，亦可借歌以稱之。」〔註9〕至於將「歌謠」二字聯為一詞用之，則始見《淮南子・主術訓》：「古聖王至精形於內，而好憎忘於外，出言以副情，發號以明旨，陳之以禮樂，風之以歌謠。」〔註10〕

〔註4〕　龔鵬程著：《文學散步》（臺北：臺灣學生，2003.9），頁132。
〔註5〕　鄭玄箋：《毛詩鄭箋》（臺北：新興，1991.10），頁40。
〔註6〕　同前註，頁40。
〔註7〕　徐堅撰：《初學記》（臺北：鼎文，1976.10），頁376。
〔註8〕　段寶林著：《中國民間文學概要》（北京：北京大學，1985.10），頁110。
〔註9〕　杜文瀾：《古謠諺》（臺北：新文豐，1986.9），頁4～5。
〔註10〕　劉安：《淮南子》（臺北：廣文，1965.8），頁159。

　　但其實無論歌或謠，都是庶民大眾真感情的抒發，此即〈詩大序〉所言：
「情動於中而形於言，言之不足，故嗟歎之，嗟歎之不足，故永歌之。」〔註
11〕《漢書・藝文志》亦言：「哀樂之心感，而歌詠之聲發。誦其言謂之詩，詠
其聲謂之歌。」〔註12〕當心為外物所感，情感因此觸動，自然地民眾就會將
這分情思藉由歌謠抒之發之，是以歌謠中顯露的民眾感情，必是真誠的，毫
無造作的。

　　按朱自清對「歌謠」之釋義，他認為歌謠是出自民間的，故個人的詩歌
是不該被納入歌謠的範疇〔註13〕。又《古謠諺・凡例》云：「謠諺之興，其始
止發乎語言，未著於文字，其去取界限，總以初作之時，是否著於文字為斷。」
〔註14〕要之出於口頭的民間歌謠，才是所謂的「歌謠」。只是，現今「歌謠」
二字已被廣泛使用，非專指民間歌謠了。顏文雄將歌謠稱作民謠，分為兩類，
一類是自然民謠，一類是模仿民謠。自然民謠為純粹由人民生活中自然哼出
的土生歌曲，以口耳相授的方式代代相傳下來；而模仿民謠為作曲家或作詞
者根據民謠的詞與曲之特徵模仿創作的作品，即所謂民謠風的藝術歌曲〔註
15〕。此外，亦有逕認流行歌曲為「歌謠」者，如莊永明《臺灣歌謠追想曲》，
及鄭恆隆、郭麗娟所著之《台灣歌謠臉譜》，書名為「歌謠」，但其中所收所
論實已包含流行歌曲〔註16〕。

　　本論文欲研究之歌謠，為「歌謠」最原始定義下之歌謠，即顏文雄所謂
的「自然民謠」，也就是出於民間，以口頭流傳的歌謠。如為「歌謠」下個
明確定義，大概就如胡萬川所言：

　　　　「歌謠」指的是屬於傳統的、代代流傳的、無分（或不計較）誰是

　　　　作者的歌或謠，和近代有著作權觀念的創作歌曲，不論是流行歌曲

　　　　或藝術歌曲，都是不一樣的。〔註17〕

〔註11〕鄭玄箋：《毛詩鄭箋》，頁1。
〔註12〕班固：《漢書》（臺北：新陸，1971.4），頁577。
〔註13〕參朱自清撰：《中國歌謠》（臺北：世界，1999.2），頁5。
〔註14〕杜文瀾：《古謠諺》，頁6。
〔註15〕顏文雄著：《臺灣民謠》（臺北：音樂研究所、中華大典編印會，1967.6），前
　　　　言。
〔註16〕莊永明著：《臺灣歌謠追想曲》（臺北：前衛，2000.9）；鄭恆隆、郭麗娟著：
　　　　《台灣歌謠臉譜》（臺北：玉山社，2002.2）。
〔註17〕胡萬川：〈從歌謠到流行歌曲——一個文化定位的正名〉，收錄於氏著：《民

二、題目界說

　　論文題目所稱之「臺灣閩南歌謠」，乃指流傳於臺灣地區（包括澎湖），以閩南語〔註18〕唱唸之民間歌謠〔註19〕，文人仿作之歌謠與流行歌曲〔註20〕，則

間文學的理論與實際》（新竹：清華大學，2005.6），頁 150。

〔註18〕閩南語大略可以分成下列各方言區：（一）福建南部：此爲閩南方言的主體，又可分爲漳州系與泉州系；（二）潮汕；（三）海南；（四）浙江南部。臺灣閩南語屬於第一類。漳、泉人移民臺灣後，因彼此往來，互受影響，故語言中也產生「不漳不泉」、「亦漳亦泉」之現象。參林再復：《閩南人》（臺北：三民，1987.10），頁 492～493。許極燉認爲臺灣通行的閩南語乃集閩南方言之大成，語言中融鑄了廈門、漳州、泉州、潮州各系方言於一爐，又混入平埔族、原住民族語、漢族進入福建時所吸收的土話、北方漢族的口語，以至於日語，和各種閩南語已有相當之差距，又一般稱臺灣話時，都指閩南音的甌駱話，故應將臺灣通行的閩南語稱爲「臺灣話」。許極燉：《台灣話流浪記》（臺北：台灣語文研究發展基金會，1988.2），頁 7、57、69。雖然臺灣通行的閩南語擁有強烈的地方特色，又大眾習慣稱閩南語爲「臺灣話」，唯臺灣的地方語言不只閩南語，又臺灣閩南語屬於閩南語言的特質猶然存在，故還是沿用原本的「閩南語」稱呼較適當。

〔註19〕此處先說明，本論文引用之歌謠以短篇爲主，若有能反映社會實況與民眾動向，又爲短篇歌謠所未呈現而論文需論述者，才酌引長篇歌謠。這些長篇歌謠多屬「歌仔冊」，據胡萬川言，在清朝中葉以後至日治時期，常見有些識字的民間歌謠藝人（又稱歌仔先）編印「歌仔冊」，到熱鬧處演唱販賣，有些編印歌仔冊的歌仔先還不忘把他們的名字編進唱詞開篇。由於那時大致上還是「歌謠」的時代，誰也不會真的在乎誰編了這些「歌仔」。如果能夠流傳出去，那些歌仔，還是隨著口口相傳而變異，表現的還是民間歌謠的本分。因此中外研究者大多把那些早期印製販賣的「歌仔」，當作歌謠來處理。因爲那些作品，不論是刊者自編，或錄印舊時東西，在內容敘事或他們唱賣時的曲調上，多半仍是依循傳統的反覆。參胡萬川：〈從歌謠到流行歌曲——一個文化定位的正名〉，收錄於氏著：《民間文學的理論與實際》，頁 161～162。按此，胡萬川是將早期所編之「歌仔冊」當作民間歌謠來看待，但陳益源卻認爲「清末這大批的『歌仔冊』唱本，大多數係屬於個人編撰性質的俗文學作品，有時雖經一再編改而兼具民間文學的成分，但它們仍與嚴格定義下的民間集體創作的口傳歌謠不同。」陳益源：〈明清時期的台灣民間文學〉，《中正中文學報年刊》第 3 期，2000.9，頁 197。故「歌仔冊」是否屬民間歌謠，是存有模糊地帶的。嚴格以觀，「歌仔冊」之特質與民間歌謠不盡相同，是以若非必要，將不把「歌仔冊」納入本論文研究範圍內。

〔註20〕「所謂『流行歌曲』者，蓋指以特定歌詞與曲調相配，而以商業力量製作、推廣、販售，用資圖利，而流傳於社會之歌曲。」臧汀生：〈臺語流行歌曲與臺灣社會〉，收錄於中國古典文學研究會主編：《文學與社會》（臺北：臺灣學生，1990.10），頁 225。流行歌曲爲何不能等同歌謠，相關論述可參胡萬川：〈從歌謠到流行歌曲——一個文化定位的正名〉，收錄於氏著：《民間文學的理論與實際》，頁 145～167。

非本論文研究範疇，論文中若有所提及，只在供作參照或補足論文的論述而已。

論文題目「論日本統治在臺灣閩南歌謠之映現」，主要研究日本治臺期間，總督府施行的諸般政策與制度在臺灣閩南歌謠中的呈現，以及臺灣社會與民眾生活因日本統治權行使於臺灣而受到影響、產生改變，反映於臺灣閩南歌謠中者，另外因爲這些外在因素與環境影響，民眾因此產生的情感思想也在探討範圍之內。惟題目所言之「映現」，非全然客觀的、歷史的呈現，亦帶有民眾主觀的、印象的顯現，爲民眾心理經驗的產物，雖然其中有部分的確爲客觀的紀實。依此題目界說，若爲日治時期流傳之臺灣閩南歌謠，但無法見出「日本統治」此因素者，就不納入爲研究材料；反之，台灣脫離日本統治後采錄之歌謠，其中可見「日本統治」這個因素，能反映日本治臺情形者，則爲本論文之研究材料。

第三節　前人研究成果回顧

以歌謠爲研究範疇的學位論文與書籍，目前已累積至一定數量。但與本論文研究主題較有關者，就學位論文以觀，大致有臧汀生的碩論《臺灣民間歌謠研究》（政治大學中文所，1979）及博論《臺灣閩南語民間歌謠新探》（政治大學中文所，1989），此二書皆著重於臺灣閩南歌謠的基礎研究，文中論及歌謠起源、發展、傳承、功用、結構，與文字記錄之探討等。其論文與本論文相關處，爲論歌謠功用章中（碩、博論皆有此章），引錄數首與日治時期有關之歌謠，並略作闡釋。盧佑俞《臺灣閩南歌謠與民俗研究》（臺灣師範大學國文所碩論，1993）則闢有專門一節（第五章第三節「抗日民族意識民俗」），探討歌謠中所顯現的臺民抗日意識。謝淑珠《臺灣閩南語褒歌研究》（臺南大學教育經營與管理所國語文教學碩士班論文，2005）在第四章第一節「參、表達殖民政治下勞動的無奈」及第四章第三節「臺灣閩南語褒歌中的殖民生活」（節中又分四小節：政權的轉換、殖民體制與政策、社會生活的改變、太平洋戰爭下的生活），對歌謠中所呈顯的殖民生活情景，有一番大概的論述。許淑月《海島之聲──澎湖褒歌研究》（臺南大學教育經營與管理所國語文教學碩士班論文，2005）有一小節（第伍章第二節「一、殖民生活的呈顯」），談論澎湖褒歌中所呈現的澎湖地區的殖民生活。上述論文，雖有觸及本論文

研究主題之處，但因論文研究範圍並非設定在需與日本統治有關之臺灣閩南歌謠，故關乎此的論述，僅配合其各自論文主題而零碎地呈現。

另有設定以日治時期歌謠爲研究對象的專書與論文，就筆者所查見的，有楊麗祝《歌謠與生活　日治時期臺灣的歌謠采集及其時代意義》（臺北：稻鄉，2003），及前文所提及的黃文車《日治時期臺灣福佬歌謠研究》（中正大學中文所博論，2005）。觀楊麗祝此書之書名，即能略知其研究主題，書中主要探討日治時期的歌謠采集活動（包括日人與臺人），大致按不同時期進行論述，閱畢此書，對日治時期的歌謠采集情形可有一全面的概略的了解。唯書中論述之範圍頗廣，書名之「歌謠」並非專指民間歌謠，文人爲文化、社會運動所作之宣傳歌與臺語流行歌曲等，也在論述範圍內；又未限定研究某種特定語言之歌謠，是以原住民歌謠，也成爲論述的一部分。因爲廣泛論述，難免存有點到爲止、不夠深入的缺失。不過本書不啻爲研究日治時期臺灣歌謠的奠基書籍，對此類研究主題實有開創之功。

黃文車《日治時期臺灣福佬歌謠研究》可說是基於楊麗祝之書，再將論述範圍縮小與深入的著作。論文將研究範圍縮小至日治時期以「七字仔」爲主的臺灣福佬民間歌謠及部分文人擬作的民歌，分從日人與臺人（又分知識性報刊書籍與消閒小報兩部分）兩方的采集進行探討，其論述方式爲先介紹刊載歌謠書籍刊物的著作原由，或對其內容稍加紹介，而後列出書籍刊物中所錄之福佬歌謠，闡釋其義，對不同書籍刊物間出現的相同歌謠會略加比對，此外則試圖闡發日、臺人蒐錄歌謠其各自動機所在。論文分從日、臺兩方來論述，雖可明確對比兩方不同的采集動機，以此彰顯殖民者與被殖者迥異的意識型態，但未依時間順序論述的方式，卻也使得歌謠采集所隱含的時代意義，無法有次序地展現出來。

其實，無論是《歌謠與生活　日治時期臺灣的歌謠采集及其時代意義》或是《日治時期臺灣福佬歌謠研究》，二書皆探由知識分子的采集活動切入研究的方式，所見到的是日治時期知識分子（包括日人與臺人）在歌謠采集方面的耕耘與成果，雖然二書中都闢有一章專論日治時期流傳之歌謠的內容題材與時代意義，楊書爲「第七章　歌謠中的殖民生活印象」，考見歌謠中呈現的各樣殖民生活，其中有與日本統治相關的乙未割臺與臺民抗日、殖民體制與殖民建設、社會暨生活的變遷，但也有未受日本統治因素影響的歲時年節暨生命禮俗以及「唐山」、「西洋」與「生番」印象等；黃之博論爲「第六章　日

治時期台灣福佬歌謠的內容題材與時代意義」，從日治時期采錄的閩南歌謠追索其中包含的閩粵移民、清領政策措施、日本殖民印象等歷史記憶，傳統陋習舊俗、社會風俗習慣、茶店風月人生、婚姻家庭生活等文化風俗，以及生番、老人、女性等特殊人物。但二書中用作探討的歌謠，其內容並未限定須能映現日本統治者，如此對日本統治對臺灣閩南歌謠造成的影響，就無法獲致全盤的了解。另外二書中用作內容探討的閩南歌謠幾乎全出於日治時期所出版的書籍刊物中，其實當時有許多閩南歌謠未被采錄，在日治時期結束後的歌謠采集中才被發掘，忽視這部分歌謠，對由歌謠以探討日治時期的生活內容或揭櫫歌謠的時代意義上，必造成相當之缺漏。

由前人研究成果回顧，可看到本論文某些研究問題已被論及，這些研究成果自然為本論文的研究基礎。只是這些相關研究，對本論文研究主題均未做出較為完整的探討，僅處理其中部分問題而已，而且在歌謠資料搜集上，也不夠完整，這未及研究與不足之處，適為本論文可再深究與努力的地方。

第四節　篇章架構

第一章緒論　包括研究動機與研究方法、題目義界、前人研究成果回顧、篇章架構。

第二章　歌謠中傳唱的乙未割臺事件。章中分四節：臺民對李鴻章割臺的憤恨、臺民對臺撫唐景崧遁逃的譴責、乙未變局景象、小結。從歌謠內容論析經歷乙未變局的臺灣人對世局的認知，其情感的抒發流露，以及心理動向，另從歌謠中，溯知當日社會景況。

第三章　歌謠中銘刻的殖民統治政策與制度。章中分七節：消弭抗日勢力的鎮壓與招降策略、保甲制度、警察政治、日語政策、放足與斷髮政策、鴉片漸禁政策、小結。察觀有哪些殖民統治政策與制度反映於歌謠中，及由歌謠考見這些統治政策與制度的施行成果，另則由歌謠中所顯露的民眾情感，來看臺人對這些政策、制度的接受度與觀感。

第四章　歌謠中展示的社會現代化。章中分四節：物質現代化、制度現代化、社會風氣新變、小結。日本將西方現代化帶進臺灣，使臺灣由傳統農業社會，蛻變成現代化社會，無論物質建設、制度、或社會風氣，均呈現與前清迥然不同的氣象與風貌。本章試由歌謠探看臺灣在日本統治下社會現代化的諸般情形，與民眾的現代化感受與迎拒。

　　第五章　歌謠中反映的戰爭時期情景。章中分四節：殖民者對臺民動員、殖民者對臺民行思想改造、戰爭生活記、小結。藉歌謠觀太平洋戰爭時期殖民政府對臺灣人進行的各項動員與思想改造，另由歌謠中回溯臺灣人戰爭生活景況，以此勾勒戰爭時期臺灣人民的生活圖像與心理經驗。

　　第六章　歌謠中示現的日人治臺本質與臺民反抗心態。章中分三節：日人治臺本質、臺民反抗心態、小結。日人統治臺灣五十年餘，期間恆以高壓手段壓制臺民；又採差別待遇，歧視臺民，剝奪臺灣人該享的平等權利；另外，經濟方面尚巧用各種手段榨取之，逼使臺灣人血汗換得的成果為殖民者所獨享。這些治臺本質在歌謠中透過哪些事件示現？對殖民者不公不義治臺本質，臺灣人萌生反抗心態，此種心態在歌謠中以何樣方式呈現？此為本章欲探討之問題。

　　第七章　相關歌謠之語言、形式與藝術特色。章中分四節：語言特色、形式特色、藝術特色、小結。論文第二章至第六章為對歌謠內容的探究，本章則以搜集到的相關歌謠進行語言、形式與藝術特色之探析。經由分析，除可見這些相關歌謠在前述三項上的特色為何，另外亦可探知「日本統治」此因素對臺灣閩南歌謠的語言、形式與藝術方面的影響程度。

　　第八章　結論。對本論文研究課題作一總結，並提出未來相關研究之展望。

.

第二章　歌謠中傳唱的乙未割臺事件

　　清光緒二十（1894）年，朝鮮東學黨之亂，引發了清日甲午戰爭。當清廷在平壤、黃海兩次決定性戰役潰敗後，因為日軍毫不放鬆繼續侵逼，終不得不選擇和談一途，接受割地、賠款等屈辱條件，於馬關條約中將遼東半島與臺灣割讓給日本。之後遼東半島在俄、德、法三國干涉下安然回歸清廷，但臺灣卻未如此幸運，在此後五十一年間淪為日本的殖民地。

　　當割臺消息傳出後，臺灣立即出現不滿聲浪，按當時臺灣巡撫唐景崧電文所述，臺北紳民知悉割臺消息後，即去撫署向唐景崧及其母哭泣，且在得知消息的次日，演出鳴鑼罷市之事〔註1〕。之後三國干涉還遼，似乎為臺灣的未來帶來一線生機，唐景崧亦冀望臺灣能如遼東半島般，在俄、德、法干涉之下，幸運逃過被割讓的命運，但俄、德、法與英國，在各自利益考量下，均不願插手臺灣事〔註2〕。

　　無計可施下，因為法國的暗示與勸告，臺灣決意走向獨立自主之路，在陳季同策畫、邱逢甲呼籲下〔註3〕，五月廿三日宣布臺灣獨立，兩天後，即五

〔註1〕〈署臺灣巡撫唐景崧來電〉，臺灣銀行經濟研究室編：《清光緒朝中日交涉史料選輯》（臺北：臺灣銀行，1965.5），頁212。

〔註2〕有關上述各國不願插手臺灣歸還事的原因，可參黃秀政著：《臺灣割讓與乙未抗日運動》（臺北：臺灣商務，1992.12），頁96～102。

〔註3〕關於臺灣民主國的首倡者為誰，是有不同的說法的，有主張首倡者是邱逢甲，有主張首倡者是陳季同，有主張邱逢甲、陳季同共同首倡，有主張首倡者是清廷官吏。可參施家順著：《臺灣民主國的自主與潰散》（高雄：復文，1992.1），頁81～90。文中言臺灣民主國之建立為陳季同策畫、邱逢甲呼籲，

月廿五日，號稱亞洲第一個共和國──臺灣民主國，就在紛亂迫促的時局裡
誕生，臺撫唐景崧被推舉為總統。考臺灣民主國成立之本意，是在以獨立國
家的名義直接與各國交涉，商結外援，但在外援無望後，以武力抗拒日軍接
收臺灣，也就成了不得不採取的方法。五月廿九日，日軍於澳底登陸，一路
挺進，基隆陷落後，敗走的兵卒蜂擁至臺北，城內一片混亂，民主國「總統」
唐景崧眼見情勢不對，倉皇內渡。

　　日軍登陸後，所以能勢如破竹快速地向臺北前進，乃因以廣勇為主的清
兵，根本無心戀戰，這場戰役對他們而言，不過是一項謀生的工作，臺灣也
不過是他人的土地，既然沒有保衛鄉土的意識，在日軍大舉進攻時，自然迅
速潰散。時任淡水海關稅務司的 H.B Morse 即描述著：

> 三十日近衛師的三千名部隊，登陸基隆南方約二十英里海岸的澳
> 底。……他們打了仗，是場好戰。阻止他們前進、伸向八堵的山背，
> 五月三十一日整天由上述五月中旬抵臺的廣勇所堅守。……這批廣
> 東部隊，卻只因為中國式的理由，即後勤單位完全不供給當天或者
> 為繼續戰鬥所需的糧食與飲水，而中斷了他們的一場好仗，乘夜撤
> 退。〔註4〕

在北部攻防戰中，清兵為主的部隊，根本不堪一擊，甚至因為爭奪敵首，放棄
守備地區，讓日軍不費一兵一卒即佔領該地〔註5〕。使日軍吃足苦頭的是臺北

乃採梁華璜、施家順等人的說法，相關論述可參梁華璜：〈光緒乙未臺灣的
交割與保臺（上）〉，《國立中央圖書館館刊》新 7 卷第 1 期，1974.3，頁 51
～52；施家順：前引書，頁 90～92。

〔註4〕　陳逸雄譯註：〈H.B Morse 著天壽的民主國（臺灣──一八九五年五月二十四
日至六月三日）〉（文章原題 A Short Lived Republic（Formosa,May 24th to June
3rd, 1895），刊於 The New China Review Vol 1,March 1919, No1），《臺灣風物》
39 卷 1 期，1989.3，頁 119～120。

〔註5〕　「未刻，倭前鋒至小楚坑探路兼繪圖；驟遇吳國華軍，未及列隊，遽搏戰。
土勇從旁夾擊，鎗斃三畫倭酋一。寇奔，棄槍械越嶺遁；吳追及嶺巔，百姓
觀戰者均拍手歡呼。先是，探報：我軍在小楚坑遇敵；余橄包幹臣率三百人
助戰。包至小楚坑，寇已遁；見倭酋斃路旁，割取首級，與土勇爭，大譁。
包縛土勇，土勇未著號衣，指為漢奸；將殺之。時吳國華至嶺巔，因雨待棚
帳，尚未紮營；聞報，知包將首級赴大營獻功，大怒，撤隊急馳下嶺；包立
橋上望見吳軍還，藏首級竹籠中，遽拔全隊回。吳尾其後，俱還基隆。……
是夜，我軍僅土勇一營、張統領二哨紮瑞芳，三貂嶺竟棄不守。」俞明震：〈臺
灣八日記〉，臺灣銀行經濟研究室編：《割臺三記》（臺北：臺灣銀行，1959.10），
頁 8。

之後的攻防戰，這時與日軍頑抗的，大部分是臺灣民眾自動自發組織的民軍〔註6〕，雖然這些民軍武器裝備落後，難與日軍精良先進的兵器相抗衡〔註7〕，但他們猶奮勇作戰，在全臺各地與日軍展開激烈的戰鬥。只是民軍，除武器裝備處於劣勢，此外尚難敵日軍組織化的精良訓練與源源不絕的補充兵力。當年十一月十八日，第一任臺灣總督樺山資紀向京都大本營報告全臺平定。

　　乙未割臺一事，對臺灣民眾來說，誠爲天外飛來之橫禍，因割讓引起的兵馬倥傯，社會動盪，使臺灣民眾陷入極端驚惶不安中，凡親歷此時代變局者，心中當有深刻之感觸：其中文人多以筆墨，描寫時局紛亂、臺灣淪亡的憾恨、被異族統治的沉痛與不甘，及日人的暴虐行徑等，如：洪棄生作於乙未九月初的〈臺灣哀詞〉〔註8〕，以及〈臺灣淪陷紀哀〉〔註9〕，皆寄寓其故宮黍離之悲。亦有親歷此變局者，秉史家之筆，呈現當時臺灣社會的亂象，如：俞明震的〈臺灣八日記〉，「是瞭解『台灣民主國』成立至唐景崧離台這段期間，台北城內及北部海岸地區戰鬥最重要的資料」〔註10〕；易順鼎的《魂南記》，「提供了劉永福在台南籌畫戰守之實況的珍貴見證，而且也使我們瞭解當時清國主戰派的封疆大吏（如張之洞、譚鍾麟）對劉永福在台南抗日的態度。」〔註11〕一般民眾雖無法手握如椽之筆，爲歷史留下文字見證，卻也

〔註6〕　從淡水河以南到八卦山之役的抗日力量：第一種爲唐景崧離台之後，自北部南下的敗殘清兵，部分敗殘清軍以後爲義民軍所吸收，成爲這個地區抗日集團的組成份子；第二種爲義民軍，也就是唐景崧辦防時期所招募組成的義軍；第三種是小股集團或鄉民；第四種是臺灣府知府黎景嵩收編林朝棟渡清後所留下的棟軍散勇，再就地招募土勇所組成的新楚軍。至於八卦山以南至臺南一帶的抗戰主力，爲劉永福麾下的各地駐軍和各地應募的土勇、義民。參吳密察：〈《攻台戰紀》與台灣攻防戰〉，許佩賢譯：《攻臺戰紀：日清戰史‧臺灣篇》（臺北：遠流，1995.12），頁33～44。由吳文的分析與許書中所描寫的戰事來看，臺灣義民的確爲抗日行動的中堅力量。

〔註7〕　「當時的台灣民軍每十人才能分配到一把火器，即使分配到火器，也多半是獵鎗和木砲，民軍大部份都是使用劍戟竹槍。反觀日軍，他們都是操縱裝填無煙火藥的村田鎗，特別是近衛師團所配有的改良式村田鎗，是最遠射程可達三一一二公尺的連發式火器。此外，各師團除了配有砲兵聯隊外，還有來自海上的常備艦隊的艦砲射擊支援。」黃昭堂著，黃英哲譯：《台灣總督府》（臺北：前衛，2002.5），頁58。

〔註8〕　洪棄生：《寄鶴齋選集》（臺北：臺灣銀行，1972.8），頁114～118。

〔註9〕　同前註，頁253～255。

〔註10〕　吳密察：〈《攻台戰紀》與台灣攻防戰〉，許佩賢譯：《攻臺戰紀：日清戰史‧臺灣篇》，頁20。

〔註11〕　同前註，頁22。

以口頭語言，保留當時社會狀態的記錄，雖然，這些記述並不全然符合眞實歷史情況，但也某種程度描畫出當時臺灣島上演映的某些劇相，並顯現臺灣民眾對世局的認知，亦可見其心聲、情感的流露抒發，此不啻爲文人作品與史料外，了解乙未之際臺灣人民心理與歷史情況的良好材料。《楊守愚日記》中記載民間歌人柴坑仔丑會唱「日本反」一歌〔註 12〕，即爲民眾以口頭歌謠所作的時代記錄。

　　本章所欲探討者，即有關乙未割臺變局的歌謠。這些因應時代產生的歌謠，呈現了哪些社會景象？又於此激變時局中，臺地民眾情感觀瞻之動向爲何？此即本章欲處理之問題。在章中引用之歌謠除短篇外，主要爲歌仔簿《臺灣民主歌》〔註 13〕，〈臺灣民主歌〉爲一長篇史事歌謠，與吟唱清同治年間戴潮春事件的〈辛酉一歌詩〉，並稱臺灣革命歌謠的雙璧。《臺灣慣習記事》有言：

　　　　臺灣之坊間，售有題爲「新刻手抄臺灣民主歌」之小冊子，此種俚
　　　　謠，尚或動搖部份民心，對於臺灣之治平，不無影響。〔註 14〕

言動搖民心，乃因歌謠中描述乙未年間日本登臺後所爲惡行，與義民抗日情事，這種描寫，容易喚起民眾反抗意識，猶有甚者，引起實際抗日行動，故才認爲〈台灣民主歌〉的傳布，將對臺灣治平造成影響。雖然〈臺灣民主歌〉中所述之事並非都是史實，有與歷史悖謬處，但歌中呈現日軍攻臺前後，臺灣社會紛亂不安的景象，亦表露當日民眾在變亂世局中的所觀所感，對了解

〔註12〕　「（1936.12.1）聞堂郎說柴坑仔丑前日就醫賴和醫院，曾說他，尚有日本反，西仔反二歌。我覺得這是臺灣重要的史詩，很有保存的價值，實在有趁他未死，抄錄起來的必要。堂郎說：他再幾天會再來，那麼，就請他唱唱吧。」許師俊雅、楊洽人編：《楊守愚日記》（彰化：彰縣文化局，1998.12），頁 98。

〔註13〕　《臺灣民主歌》有兩個版本：一是一八九七年上海點石齋的石印本《臺省民主歌》，這個版本欠最後兩句及結尾的標記；另一版本不知何處所印，欠起頭的三十二句，以及出版者與出版時間的記錄。照押韻情形看，《臺灣民主歌》的作者歌手是講臺北的海口腔，而且照故事的內容看，可能是松山地區人士，記錄也是講海口腔，不過和歌手有一點不同，就是他的話可能有受內山腔的影響。參張裕宏校注：《臺省民主歌校注》（臺北：文鶴，1999.5），頁 7～9。本章所採之版本，爲陳郁秀編著，陳淳如註解之上海點石齋石印本《臺灣民主歌》（臺南：臺灣史博館籌備處，2002.4）。章中〈臺灣民主歌〉之註解，係採自本書。

〔註14〕　〈隨筆什記〉，《臺灣慣習記事》第壹卷第九號，1901.9。臺灣慣習研究會原著，臺灣省文獻委員會譯編：《臺灣慣習記事（中譯本）第壹卷下》（臺中：臺灣省文獻委員會，1984.6），頁 126。

乙未年間臺地民眾的聞見與想法，實有相當助益。另〈臺灣民主歌〉中史事
記載甚多，此部分早有文獻記錄，歌中誤謬之處，在本章所採用的註解本中
亦有所辯正，故若非必要，將不再論，本章關注於本歌謠者，乃歌中所能察
見的臺民思想情感之表露。

第一節　臺民對李鴻章割臺的憤恨

　　光緒二十一（1895）年四月十七日，李鴻章於日本馬關春帆樓中簽訂馬
關條約，其中第二款第二、三項與第五款爲割臺條款。

　　李鴻章是於三月十九日抵達日本馬關，在三月廿四日舉行的第三次會議
中，雙方正式談及臺灣割讓事，李鴻章知悉日本對臺灣的野心，在會中運用
其一貫「以夷制夷」的手段，說日本若佔領臺灣，英國將不甘心，及有損他
國權利，冀斷絕日本佔領臺灣的念頭，但會談的伊藤博文根本不爲所動。

　　四月一日陸奧宗光將媾和底稿十一款送抵中國行館，其中第二款第二、
三項爲割臺條款。從李鴻章對內之電文，可知他所擬說帖在割地方面所爭取
者只在奉天南邊，根本未提及臺灣〔註15〕，顯然有棄臺意。

　　李鴻章對割臺一事稍有力爭，是在四月十日舉行的第四次和談會議裡。
會議中伊藤博文與李鴻章就割讓臺地一事相互辯駁，李鴻章明確表示「臺灣
不能相讓」，但伊藤博文態度強硬，不論李鴻章以理訴之或警告恐嚇，均予反
駁、回擊，可見其佔臺心意已決。爲何李鴻章至此才對割臺一事力爭？究其
原因，應是朝廷內出現反割臺言論所致，如翰林院侍讀學士文廷式、江南道
監察御史張仲炘，皆力言臺不可棄〔註16〕，因此四月八日總理衙門致李鴻章
的電文中，即有如下之指示：「所交說帖但云奉天南邊割地太廣，而於臺、澎

〔註15〕在四月六日〈寄譯署〉電文中，李鴻章表示「鴻查說帖大意，於讓地一節，
　　　　言奉天南邊割地太廣，日後萬難相安。……以上已摘要登覆，而彼嫌未說明
　　　　所欲允之意，注意仍在讓地、賠款兩條實在著落。若欲和議速成，賠費恐須
　　　　過一萬萬，讓地恐不止臺、澎。但鴻不敢擅允，惟求集思廣益，指示遵行。」
　　　　李鴻章著：《李文忠公選集》（臺北：臺灣銀行，1961.12），頁 722。從李鴻章
　　　　談及說帖只言奉天南邊，且云若欲和議速成，讓地恐不止臺、澎，可知他對
　　　　割讓臺、澎予日方，早已默許，其意圖犧牲臺、澎以保全遼東半島，才未在
　　　　覆日說帖中提及臺灣。
〔註16〕〈翰林院侍讀學士文廷式奏倭攻臺灣請飭使臣據理爭論摺〉、〈江南道監察御
　　　　史張仲炘請飭全權大臣勿以臺灣許倭摺〉，臺灣銀行經濟研究室編：《清光緒
　　　　朝中日交涉史料選輯》，頁 163～164、165～167。

如何置辯並未敘及。……總之，南北兩地，朝廷視為並重，非至萬不得已極盡駁論而不能得，何忍輕言割棄！」〔註17〕除力陳朝廷對南北兩地抱持並重的態度，亦責李鴻章對割臺一事交涉不力，這應是促使李鴻章對割讓臺灣尚有所爭取的原因。

之後，清廷又向李鴻章提出許日本在臺灣之礦利，而土地、人民仍歸清廷所有，以及割臺之半，以近澎湖、臺南之地與之的方案，但因為日方代表態度決絕，李鴻章深恐和議決裂，日本將再動武，而回覆曰：「彼垂涎臺灣甚久，似非允以礦利所能了事」、「即使會晤再行磋磨，割臺之半與之，亦必不允，一島兩國分治，口舌既多，後患亦大」〔註18〕，不欲再向日方反覆辯駁。

細觀李鴻章在馬關和談中，對保全臺灣始終不甚熱衷，這乃因在清廷眼中臺灣的重要性是比不上遼東半島的，「在清廷的看法，遼東為其祖宗陵寢的近地，又為京城的外圍，為求偷安，當以京畿為重，海疆為輕，割遼東寧割臺灣，當時承旨議和的李鴻章，就是這個看法的代表者。」〔註19〕因日方要求割地的心意甚為堅決，在這種情況下，李鴻章只好犧牲臺灣以獲得保全遼東的機會；而後李鴻章唯恐商談中的和議決裂，自然不欲因他認為較不重要的臺灣，觸怒日本，使戰事再起，危害京畿的安全，就是這種心態，李鴻章放棄了臺灣。

條約簽訂後，主張不當割臺的聲浪紛紛湧現，在輿論壓力下，清廷只好命李鴻章與伊藤博文接洽，商改割臺條款，但李鴻章並不願意；後又電李告知日本，俄、德、法三國勸我暫緩批准條約，但李又言此適速日本決裂興兵，拒絕為改約另議努力〔註20〕。李鴻章本為主和派，在和約初訂，戰亂剛息之際，既然京師獲得保全，自然拒絕與日本再進行外交上的折衝，以免激怒日本，重啟戰端。甲午戰爭清軍的不堪一擊，接連慘敗，讓李鴻章洞悉情勢不利清廷，改約另議礙難行之。但其身為朝廷重臣，應有「知其不可為而為之」的堅持與勇氣，未曾努力就斷然放棄，這種怯弱的舉措，難免貽人詬病；且李鴻章對無端遭禍的臺民也未懷抱憐憫之心，當清廷著其與日方商改割臺條

〔註17〕李鴻章著：《李文忠公選集》，頁722～723。

〔註18〕李鴻章與清廷往來的這些電文，參臺灣銀行經濟研究室編：《清光緒朝中日交涉史料選輯》，頁726～729。

〔註19〕張雄潮：〈光緒乙未廷臣疆吏諫阻割臺的幾種論調〉，《臺灣文獻》18卷1期，1967.3，頁135。

〔註20〕參黃秀政著：《臺灣割讓與乙未抗日運動》，頁89。

約時，他竟致電總署，云：「臺多亂民，儻官爲唆聳，徒滋口舌，貽累國家。」
〔註21〕梁啓超評論李鴻章曰：「西哲有恆言曰，時勢造英雄，英雄亦造時勢。
若李鴻章者，吾不能謂其非英雄也，雖然，是爲時勢所造之英雄，非造時勢
之英雄也。」且云其「知有朝廷而不知有國民」〔註22〕。觀其處理割臺事，
知梁言洵不假也。

　　雖然李鴻章在處理割臺事上有可議之處，但他在和談中的表現亦可謂鞠
躬盡瘁。在三月廿四日第三次會議歸途中，他突遇日本刺客以槍擊之，中左
臉頰，槍彈深入左目下。這一槍傷，使日本答應清廷的停戰要求。在遇刺之
初，日皇派遣御醫軍醫來探看李鴻章傷勢，眾醫皆謂取出槍子，創傷可癒，
但須靜養多日，不勞心力，此時李鴻章慨然曰：「國步艱難，和局之成，刻不
容緩，予焉能延宕以誤國乎？甯死無割。」遇刺第二天，有人見血滿袍服，
說：「此血所以報國」，李鴻章說：「舍予命而有益於國，亦所不辭！」〔註23〕
林子候即認爲李鴻章的誤國不在戰後，而在平時，因其一向主張作戰在器不
在人，用人重才不重德，北洋練兵十年只徒有其表，在甲午戰前，明知清廷
軍力薄弱，無法作戰，但懾於清議，不敢直言，只圖以外交方式解決糾紛，
在軍事方面，又始終不積極增援佈置，終陷於和既不能戰亦未可的局面。縱
然李鴻章有上述誤國之舉，但林子候也肯定他在馬關會談期間的折衝之功，
認爲他已盡了最大努力，儘管李鴻章平時爲人、辦理對日交涉的過程、和應
付戰爭種種措置，有不少可議之處，但他這種不顧生命忠於國家的精神，百
世後也是令人蕭然起敬的〔註24〕。觀李鴻章在馬關會談中，不惜低聲下氣，
只求日方能將苛刻的條款稍減幾分，就知其尙有爲國之心，只是他的爲朝廷、
爲清帝，有時或爲自己的幾分私心，因其在和談中對日本要求割讓臺灣未全
力抗拒，乃爲保全其本身的北洋地盤〔註25〕，卻難免虧欠了臺地民眾。亦有
研究者認爲李鴻章未善用這次被刺傷機會，堅持臺灣、澎湖也應在停戰範圍
之內，否則日本可能再作相當讓步，臺、澎問題也可能演變成另一個結果，
而認爲這是李鴻章外交的失敗〔註26〕。

〔註21〕李鴻章著：《李文忠公選集》，頁730。
〔註22〕梁啓超著：《論李鴻章》（臺北：臺灣中華，1958.6），頁4、41。
〔註23〕同前註，頁54。
〔註24〕林子候編著：《臺灣涉外關係史》（嘉義：林子候，1978.3），頁526、533。
〔註25〕梁華璜：〈光緒乙未臺灣的交割與保臺（上）〉，《國立中央圖書館館刊》新7
　　　　卷第1期，1974.3，頁44。
〔註26〕連文希：〈李鴻章與臺灣〉，《臺灣文獻》23卷2期，1972.6，頁77。

　　臺灣地處大陸邊隅，因為未認知到臺灣的重要性，清廷治理臺灣，長久以來是消極的，吏治差、官府控制力薄弱，直到日本治臺前十年，才對臺灣銳意經營與建設。從流傳下來的「三年一小亂，五年一大亂」之諺，即可知悉臺灣人民對清廷的情感要較其他省分來得淡薄些，但就算如此，也不代表臺灣人民可以輕易接受此後將由日本統治這件事。因為臺灣在清廷治下，已形成一種固定的生活模式，若是換為異族統治，不知將採取哪些新措施，這對原來穩定的生活將造成威脅與破壞，也讓人民對日本即將統治臺灣感到恐懼。之後日軍攻臺造成的戰亂與殺戮，又使民眾平靜的生活徒生波瀾，限入極度動盪不安中。

　　對臺民來說，使他們陷於這種境地，首要怪罪之人，當是簽訂條約的李鴻章，因此對他，自是萬分痛恨。就臺民所知的事實，是李鴻章簽訂了此賣臺條約，縱使之前清廷已有萬不得已將割臺的默契，但臺地民眾又怎能了解這為保全京師的內部運作呢？當時即有欲殺李鴻章等主和派大臣的檄文出現：

> 痛哉！吾臺民，從此不得為大清國之民也！吾大清國皇帝何嘗棄吾臺民哉！有賊臣焉，大學士李鴻章也，刑部尚書孫毓汶也，吏部侍郎徐用儀也。臺民與汝李鴻章、孫毓汶、徐用儀有何讐乎？……我臺民父母、妻子、田廬、墳墓、生理、家產、身家、性命，非喪於倭奴之手，實喪於賊臣李鴻章、孫毓汶、徐用儀之手也。……我臺民與李鴻章、孫毓汶、徐用儀，不俱戴天，無論其本身、其子孫、其伯叔兄弟姪，遇之船車街道之中、客棧衙署之內，我臺民族出一丁，各懷手槍一桿，快刀一柄，登時悉數殲除，以謝天地、祖宗、太后、皇上，以償臺民父母、妻子、田廬、墳墓、生理、家產、性命；無冤無讐，受李鴻章、孫毓汶、徐用儀之毒害，以為天下萬世無廉無恥、賣國固位、得罪天地祖宗之烔戒。〔註27〕

橡文中欲殺之李鴻章、孫毓汶、徐用儀皆為主和派大臣，孫、徐兩人並曾勸光緒帝畫押〔註28〕。由文中措詞之激烈，欲將李鴻章本人及其族人殺之而後

〔註27〕〈台灣人民抗戰檄文〉，錄於中華民國開國五十年文獻編纂委員會編纂：《中華民國開國五十年文獻第一編第五冊列強侵略》（臺北：正中，1964.11），頁595。

〔註28〕吳德功：〈讓臺記〉，臺灣銀行經濟研究室編：《割臺三記》，頁33。

快來看，可見臺民對其恨怨之深。

　　怨恨李鴻章的情感抒發於歌謠中，即將許多負面形象加諸其身。試觀〈臺灣民主歌〉中一段：

> 鴻章東洋通日本，卜征滿州光緒君。
> 在伊打算一半允，望卜江山對半分。
> 說到京城李鴻章，奸臣心肝真正雄。
> 本身朝內佐宰相，何用甲伊去通商。
> 鴻章見用奸臣計，去通日本打高麗。
> 返來朝中見皇帝，五路港口著盡把。
> 光緒力話應鴻章，乎伊打算免參詳。
> 每日朝中隨皇上，無宜背心無盡忠。
> 日本戰船掛銃空，一時打去高麗港。
> 若無鴻章塊變弄，世事亦免即大空。
> ……
>
> 高麗打了出外鄉，卜打滿洲之地場。
> 鴻章心內一下想，子兒現在治東洋。
> 做番駙馬李經芳，鴻章朝內隨君王。
> 奸臣拐友雙頭弄，不怕日后去沈亡。
> 鴻章朝內有名聲，通番串位真出名。
> 姓李經芳是伊子，五月時節來交城。
> 日本好漢打汝順，未曾出戰先行文。
> 說到京城光緒君，水面並無一戰船。
> 淮軍鴻章新名字，朝內無人過盤伊。
> 好呆盡望伊主意。無宜背心做一時。
> 日本塊通李鴻章，前時后日有參詳。
> 起兵去征一必仲，不免失了個刀傷。
> 高麗汝順伊打開，亦是鴻章塊變鬼。
> 添起大遂過別往，雖時打電來淡水。
> 鴻章心肝想倒秉，假奏君王著倩兵。
> 楚軍腳手不通用，盡用淮軍伊學生。
> 就奏君王卜去平，朝內伐落著倩兵。

望卜成功來得勝，無宜背心即絕情。

鴻章朝內見皇帝，卜去日本平高麗。

心肝思起有一計，臺灣寫乎恰著脈。

君王心內有主意，也免即謹做一時。

鴻章心內想計智，暗寫密書去乎伊。

日本看見有主意，雖時起兵來征伊。〔註29〕

由引文，即知夙富聲望、權傾一時的李鴻章，在臺民心目中的形象與評價是如何的了。是時李鴻章任直隸總督兼北洋大臣，甲午戰爭議和期間，日本屬意由他任全權議和大臣，除其主和態度頗合日方脾胃，也由於其為清廷重臣，能獲割地之權，以滿足日本野心，另日方全權大臣伊藤博文「自負日本為第一等人，故願與中國所派爵位相等，始能開議。」〔註30〕歌謠中對李鴻章的權勢是了解的，故有「鴻章朝內有名聲」、「朝內無人過盤伊」、「好呆盡望伊主意」等語，甚至誤言李任「一人之下、萬人之上」的宰相職。身居要職的李鴻章，在歌謠中的形象是欺罔君主、通敵叛國、心地歹毒的奸臣。前文已言，甲午戰爭乃因朝鮮東學黨亂事而起，與李鴻章實無關涉，要說其有責任，為他不該在光緒十一（1885）年與日本訂定的天津條約中，訂下他日若朝鮮有事，中日兩國欲派兵前往，必先互行知照之條文，遂令日本獲得出兵朝鮮的正當理由。割臺是日本的利益考量，是日本的侵略野心所造成的，但因事件呈現的表象是李鴻章與日本議和、簽字，而臺灣就被出賣、割讓，故臺民就得出如下結論：李鴻章是出賣臺灣的劊子手，是人人得而誅之的奸臣，是他串通、勾結日本，蓄意引發戰事，從中謀取利益，欲待事成後，瓜分清室江山。因認定一切禍害皆由李鴻章挑起，故歌謠中有「若無鴻章塊變弄，世事亦免即大空」之言。歌謠中認定李鴻章襄助日本的另一原因，為其子李經方被日本天皇招為駙馬，這雖是無稽之言，也可窺知臺民對李氏父子的觀感。

又李鴻章任全權議和大臣乃奉光緒帝之命，並非自己請纓前往，但歌謠

〔註29〕陳郁秀編著，陳淳如註解：《臺灣民主歌》，頁9～14。雄：狠毒；見用：屢次使用；著盡把：要盡力守衛；力話：抓話，毫不思索脫口而出；貝心：背心；過盤伊：超越他；好呆：好歹之訛音；塊通：在私通；一必仲：一必中；大遂：應作大隊；倒秉：倒反；倩兵：招募士兵；著脈：切中要領；即謹：這麼快；雖時：即隨時，立刻。

〔註30〕黃秀政：〈中日馬關議和的割地問題〉，《臺灣文獻》25卷3期，1974.9，頁70。

中卻將其描寫爲自動請求任以此事；且臺灣割讓給日本，也是因其生起奸心，暗送密書予日本，著其攻打臺灣，這些都與事實未合。但因臺民怨恨李鴻章簽訂割臺條約，在負面想法下，就在其身上添加了一些莫須有的罪狀，以坐實其佞臣形象。臺民於李鴻章形象的描繪容有失真之處，但李鴻章在議和中對保全臺灣未盡全力，且在李經方因輿論壓力被派爲交割大使後，其與伊藤博文的通電中竟言：「臺地民情憤亂、不服開導，係屬實情；彈壓似尙需時。李經方本無帶兵管理地方之責，應靜候樺山彈壓平靜後方婉商辦一切。」又云：「若樺山正在用兵彈壓之際，李經方跡涉嫌疑，未便遽與會齊，以致該處紳民怨憤。貴大臣必能鑒諒及此，並希預籌善處之方爲幸。」〔註31〕李鴻章竟以冷眼旁觀的漠然態度，看待日方對臺灣民眾反抗欲行之彈壓，關心其子安危遠甚於臺地人民，言談中只關切樺山資紀何時平定亂事，讓李經方能平安地完成交接事。既有這樣無法令人認同的行徑，又怎能責怪臺地人民對他有如此的詆毀？

　　臺民認李鴻章爲割臺罪人，這種想法明顯表露於〈臺灣民主歌〉中，已如前述。因爲這種想法，對李鴻章的痛恨，至日治中期猶存，由廣東留學生成立之「臺灣革命青年團」所發出的〈台灣革命青年團致民眾書〉中即有此憤慨語：

> 我們須牢記滿清政府的走狗李鴻章。爲了甲午役戰敗，無法彌補其罪責，竟將我台灣四百餘萬的民眾和中國的軍事要地台灣送給日本，喪心病狂的與日本訂了《馬關條約》，將台灣同胞賣給日本永遠的奴隸，其心可誅，其志可殺！〔註32〕

日本統治者實行差別政策，使臺灣民眾無法享有自由、平等此天賦人權，日治中期興起的文化啓蒙與政治社會運動，其用意就是要使臺灣人民能夠從這種桎梏中掙脫出來，享有幸福的生活。〈台灣革命青年團致民眾書〉於昭和二（1927）年六月十七日發布，六月十七日是臺灣總督府所稱的「始政紀念日」，但對臺灣民眾來說，卻爲臺灣恥辱紀念日，故「臺灣革命青年團」致書中國民眾，希望喚起他們的抗日意識。這時距光緒二十一（1895）年臺灣

〔註31〕〈大學士李鴻章來電〉，臺灣銀行經濟研究室編：《清光緒朝中日交涉史料選輯》，頁409。

〔註32〕〈台灣革命青年團致民眾書〉，收錄於王曉波編：《新編台胞抗日文獻選》（臺北：海峽學術，1998.11），頁307。

割讓給日本已三十年餘，但因臺灣人蒙受種種不平等待遇，故對李鴻章仍餘恨未消，才有如此詈罵之語。另於臺灣尚有「高毛、夭壽李鴻章」的俗諺流傳，據蔡苑清解釋，這是昭和五（1930）年，他在鄉下國民學校唸書，上歷史課的時候所聽到的〔註33〕。高毛、夭壽都是惡毒的罵語〔註34〕。用如此惡語詈罵李鴻章，證明臺地民眾對其怨恨之深。

第二節　臺民對臺撫唐景崧遁逃的譴責

　　光緒二十（1894）年十月，臺灣巡撫邵友濂調署湖南，在邵去職後，清廷將時任臺灣布政使的唐景崧調升為臺灣巡撫。隔年，唐景崧在聞悉臺灣可能割讓後，即有意求去〔註35〕，只因臺地民意所迫〔註36〕，才不得不為割讓一事努力上陳。在臺灣確定割讓給日本後，唐景崧仍有脫身意，但被其上奏中所稱的誓死保臺的臺紳所「劫留」〔註37〕，因為此時清廷官吏的權威雖在

〔註33〕蔡苑清：《臺灣風土諺語釋說、新竹縣橫山鄉之部》稿本，轉引自朱介凡撰：《中國歌謠論》（臺北：臺灣中華，1984.4），頁 687。

〔註34〕「高毛」為客家語，另一寫法為「孤毛」，在日常話中，相罵的話，以「孤毛絕代」為最嚴重。蓋以孤為孤老，毛為無子嗣，而斷絕了下代，沒有繼續力了。鄉俗都以光大門楣為榮，所謂榮宗耀祖，世代興隆，均為人們共同的心理，一致的希望，到自己孑然一身，形單影隻，情何以堪，此種話所以成為最嚴重也。參謝樹新主編：《中原文化叢書・第一集》（苗栗：中原苗友週刊社，1965.2），頁 20。

〔註35〕在四月十七日的電奏文中唐即明言：「割臺，臣不敢奉詔。且王靈已去，萬民憤駭，勢不可遏，姦民並乘此為亂。朝廷已棄之地，臣無可撫馭、無可約束，倭人到臺，臺民抗戰，臣亦不能止。臣忝權臺撫，臺已屬倭，一切檄文仍用『臺撫』銜，不獨為民笑，並為倭笑，何能辦事？如必割臺，惟有籲請迅簡大員來臺辦理。」〈臺灣唐維卿中丞電奏稿〉，臺灣銀行經濟研究室編：《割臺三記》，頁 19。

〔註36〕當時所謂的民意乃臺地官紳的意見，黃昭堂即言：「臺灣與清廷間之通電常常有『紳民』『臺民』的字句，從字義推察應包括一般住民，而實際上指的均不外是『士紳』。因為對『士紳』而言，他們認為他們才是代表『臺灣所有的住民』。」黃昭堂著，廖為智譯：《臺灣民主國之研究》（臺北：財團法人現代學術研究基金會，1993.12），頁 62。

〔註37〕如〈臺撫唐景崧致軍務處請廢約再戰並商各使公斷速罷前議電〉：「臣與各官，惟日以淚洗面；即欲辦理收束，為眾所刦，無術可施。臣八旬老母，誓共守臺。和議成，本可內渡；乃為民遮留，其慘可知。」〈臺撫唐景崧致總署報臺民強留攝行民主國總統事請代奏電〉：「四月二十六日奉電旨，令臣景崧欽遵開缺，應即起程進京陛見。惟臣先行，民斷不容；各官亦無一保全。只合暫

消退中，但若唐景崧離臺，後果更不堪設想，如果留他於此，至少可爲民作主，不至亂生，〈臺灣民主歌〉中的「想起卜走袂得利，先脫家后返鄉里。」〔註38〕即寫出唐景崧脫身不能的窘境。

　　由唐景崧這種無意留臺的心態來看，其之後建立臺灣民主國當然也非欲藉此凝聚臺灣人民的向心力，以共同抵禦日軍的進佔，而只是想憑外力阻止日本佔有臺灣。此外，唐景崧於臺灣民主國成立時就任總統職，也是有其實際考量的，誠如施家順對唐此一行徑的評論：

> 唐景崧留臺的一切作爲是企望他能再扮演一次角色，如同他在安南抵抗法人那一次所扮演的角色一樣。藉著他在臺灣抗日過程中的重要性，萬一成功而有所轉機，則他不但不會受到處罰，可能會因此而得到榮譽或獎賞。所以，他所表現的姿態，不僅是一個努力恢復已割讓的臺灣領土於清廷羈縻的忠臣；而且是島上努力於抵抗即將來臨的日本之佔領行動中，不可或缺的領袖。〔註39〕

這完全是就其本身利益來設想。清廷於五月廿日發布命令，要求臺灣官吏開缺內渡〔註40〕，身爲清廷命官的唐景崧何嘗不想離臺，但在無計脫身的困境下，冀存萬一之心，或可藉由獨立，使臺灣得到外國保護，待事過境遷，仍有回歸清廷的可能，這種念頭與立場在其電奏文中一再地表明〔註41〕。如此行之，先前或有違皇帝詔命，但若能保全臺灣，也不失臣節，可算得上爲清廷立下大功一件，唐景崧根本無意與臺灣共存亡。楊雲萍認爲唐景崧並非站

留此，先令各官陸續內渡，臣當相機自處。……公議自立爲民主之國，……強臣暫留保民理事，臣堅辭不獲。……俟事稍定，臣能脫身，即奔赴宮門，席薰請罪。」由此可見唐景崧當日之窘境，而其留臺乃不得已的決定。臺灣銀行經濟研究室編：《清季外交史料選輯》（臺北：臺灣銀行，1964.7），頁271、315～316。

〔註38〕陳郁秀編著，陳淳如註解：《臺灣民主歌》，頁20。

〔註39〕施家順著：《臺灣民主國的自主與潰散》，頁130～131。

〔註40〕〈旨臺撫唐景崧開缺來京及文武各員內渡電〉：「旨『署臺灣巡撫唐景崧著即開缺，來京陛見。所有文武大小各員，著即陸續內渡』」臺灣銀行經濟研究室編：《清季外交史料選輯》，頁310。

〔註41〕如〈臺撫唐景崧致總署報臺民強留攝行民主國總統事請代奏電〉：「公議自立爲民主之國，……嗣後臺灣總統均由民舉，遵奉正朔，遙作屏藩。俟事稍定，臣能脫身，即奔赴宮門，席薰請罪。」〈臺撫唐景崧致總署全臺不服日願爲華民請代奏電〉：「今之自主爲拒日計，免其向中國鏡舌；如有機會，仍歸中國。」臺灣銀行經濟研究室編：《清季外交史料選輯》，頁316、317。

在民眾這邊的人,臺灣民主國失敗的主要原因雖有種種,可是,當時民眾把並非民眾這邊的人,奉爲民眾的指導者,確是一嚴重的失計〔註42〕。

　　在臺灣民主國成立後四天,五月廿九日下午,日軍由澳底登陸,當晚攻陷頂雙溪,卅日攻上三貂嶺,卅一日上午進犯小粗坑、下午逼近九份,六月一日下午攻佔九份、進攻瑞芳,二日晚攻下瑞芳,三日攻陷基隆。在臺灣北部陸續捲入戰場,情況危急之際,俞明震出紳士公稟,敦請唐景崧駐八堵,爲死守計,但唐只應曰:「午刻聞前敵信,即令黃翼德率護衛營紮八堵。」之後黃忽回城,言:「獅球嶺已失,大雨不能紮營;且敵懸六十萬金購總統頭,故乘火車急馳回城,防內亂。」六月四日黎明,俞明震又偕方越亭、熊瑞圖見唐景崧,勸其退守新竹,就林朝棟、劉永福以圖再舉,但唐景崧默然,令這些人暫時退下〔註43〕。事實上,黃翼德抵基隆時,前敵悉敗潰,遂乘原車返回〔註44〕,說敵懸六十萬金購唐項上人頭,更係誑言,但唐或許眞被即將面對的戰事所驚駭,見情勢無可爲,日軍即將兵臨臺北,遂於六月五日清晨(一說六月四日夜晚),偷偷摸摸由撫衙中遁逃,於滬尾搭乘亞士輪,渡返廈門。

　　日軍攻佔臺灣,身爲臺灣最高統治者的唐景崧卻棄民不顧,僅爲自己安危計而潛回大陸,任憑社會失序,人民生命財產受到嚴重威脅,這種官吏如何能獲得人民信賴?〈臺灣民主歌〉中即描寫民眾對唐景崧的不信任感:

　　　尾省頭人眞不通,封伊撫臺民主王。

　　　未曾拉旂人就廣,敢能爲伊去沈亡。〔註45〕

歌中表現對唐景崧的不信任,並責備臺灣士紳推戴唐景崧任臺灣民主國總統乃不智之舉。下面這首歌謠則描述唐景崧秘密逃回大陸,不爲人知的情形,以及他逃脫後的社會亂象:

　　　撫臺一時要返倒,無共頭人說下落。

　　　狗官眞正無公道,臭油潑落燒人燃。〔註46〕

〔註42〕楊雲萍:〈唐景崧雜記〉,錄於氏著:《台灣的文化與文獻》(臺北:台灣風物雜誌社,1990.1),頁233～234。

〔註43〕俞明震:〈臺灣八日記〉,臺灣銀行經濟研究室編:《割臺三記》,頁12～13。

〔註44〕思痛子:《臺海思慟錄》(臺北:臺灣銀行,1959.6),頁9。

〔註45〕陳郁秀編著,陳淳如註解:《臺灣民主歌》,頁20。拉旂:即拉旗,表示獨立建國之意;廣:講之訛音。

〔註46〕東方孝義著:《台灣習俗》(臺北:南天,1997.12),頁166。

歌中描寫唐景崧逃返大陸，卻未告知頭人，即士紳的行徑；而在唐景崧離臺後，整座臺北城進入失序狀態，亂民或散兵遊勇到處放火燒殺。是故某首歌謠其中兩句，即有詈罵唐景崧語：

> 可惡撫臺一時走去死，害唔百姓反亂豎白旂。〔註47〕

另於〈臺灣民主歌〉中尚有：

> 說到敗兵个代志，撫臺个罪無塊擬。
> 貝心也免相通知，透冥逃走做一時。
> ……
> 頂年德國打圭良，亦無今年走即空。
> 撫臺逃走罪卦重，克開百姓無賢人。
> 頭人伸士眞良貝，來倚撫臺眞卜疏。
> 望卜掛伊做元帥，無宜此事來獻花。
> 撫臺反貝放伊須，克開百姓尋無主。
> 那卜盡忠甲伊誅，百姓也免即六無。〔註48〕

唐景崧臨危脫逃是該受譴責的，歌謠中表露了民眾對他的埋怨、憤恨。前一首歌謠不但言其可惡，還用狠毒的話語罵其「走去死」；後一首歌謠則責備唐景崧離臺棄民的行徑，認爲他背棄臺灣民眾，無法使人信任，罪行可謂深重，若是唐景崧肯留臺抵禦日軍，百姓也不至於淪落到六無：無父、母、兄、弟、妻、子的悲慘地步，由此微言即可讀出臺民怨恨唐景崧的心聲。因爲唐景崧離臺，清國軍隊潰散，百姓只能自己起來抵抗日軍，失敗以後只能俯首稱臣，豎白旗向日軍投降，歌謠中表達了民眾身處亂世的無助與無奈。

第三節　乙未變局景象

下列這首歌謠，對乙未變局有大致的描寫與反映，雖然其中某些事件有些錯亂：

〔註47〕〈本島の日本領有に歸する前後臺北附近に行はれたる謠歌〉，《臺灣慣習記事》第壹卷第七號，1901.7，頁72。

〔註48〕陳郁秀編著，陳淳如註解：《臺灣民主歌》，頁25、45、46。圭良：即基隆；克開：即克虧之訛音，可憐；伸士：紳士；良貝：即狼狽之訛音；眞卜疏：即眞卜衰之訛音，有夠倒霉；無宜：即無疑之訛音，想不到；獻花：指事情一敗塗地；須：即輸之訛音；甲伊誅：跟日本抵抗到底。

聽我唱！

聽我唱！

東邊出有一粒星：

中國出有劉欽差，

劉欽差，

做人眞屬害，

隔轉年日本仔來，

台灣則改民主國，

台北十日瀧瀧瀧，

唐總統無底踏，

總統卜換劉永福，

台南紳士陳仔搏，

紳士無采工，

六八用七三，

銀票使無路，

兵餉無法度，

兵仔無食無變步。

兵，磅，哪！

大砲，銃子亂肆彈，

日本仔南北來上山，

百姓唔甘愿，

共伊刣甲血那濺，

大戰八卦山，

南打狗，

北彰化，

一下破，

唐欽差唔敢滯，

半暝走唐山，

百姓大哭搥心肝。

日本仔刣一贏，

兵馬來入城，

百姓大驚惶，

蕃仔上山無頭鬃，

胡蠅變蜜蜂，

塗蚓變蜈蚣，

台灣變番邦，

大厝走空空，

查某囡仔，

宓甲就挖老鼠空。

蕃仔上山偷掠雞，

一遍雞鳥掠了了，

⋯⋯。〔註49〕

歌謠一開始先稱讚劉銘傳，可見臺灣民眾對其在臺灣所推行的建設是讚賞的。接下來描寫乙未年間的亂事，先說臺灣民主國的成立，民主國總統本為唐景崧，唐景崧遁逃後，民主國失去最高領導者，臺南各界數千人，以抗倭軍事不可一日無主，決議擁戴劉永福繼任民主國總統，由舉人許獻琛、林鴻藻、進士許南英、大紳陳鳴鏘等一行四人為代表，至劉永福處呈奉「臺灣民主國總統之印」，唯劉永福辭不接受，但仍以軍務幫辦南澳鎮總鎮之名統領紳民，謀抗日大計。劉永福延請陳鳴鏘為籌防局長，歌謠中的「陳仔搏」即陳鳴鏘。但當時臺南財務拮据，臺南道庫存銀不過七萬兩，府庫亦僅六萬兩有差，軍費浩繁，瞬將告罄。劉永福除令吳桐林、羅綺章渡廈求援，亦令官銀局局長莊明德發行官銀票用資挹注，後又發行安全公司股份票一批。然收支終難平衡，導致官銀票無人接受，安全公司股票形同廢紙〔註50〕。歌謠中的「銀票使無路，兵餉無法度，兵仔無食無變步」即描述當時臺南抗日政府財務困窘的狀況。

但此時日軍尚加緊進攻，臺民亦奮勇與之交戰，「共伊刣甲血那濺」反映當日交戰的激烈狀況。「大戰八卦山，南打狗，北彰化」則寫出當時臺灣西部

〔註49〕 邱冠福編著：《台灣童謠》（臺南：南縣文化局，1997.12），頁 102～103。「胡蠅變蜜蜂，塗蚓變蜈蚣」係民間謠傳當時有蒼蠅變成蜜蜂、蚯蚓變成蜈蚣之奇事出現。參周榮杰〈台灣歌謠的產生背景（一）〉，《民俗曲藝》64 期，1990.3，頁 31。宓：躲；空：洞。

〔註50〕 以上有關臺南抗日事，係參王國璠編著：《臺灣抗日史（甲篇）》（臺北：臺北市文獻委員會，1981.1），頁 296、297、303。

淪爲戰場。日軍攻勢凌厲，頻頻攻破臺灣民眾的防守陣線，面對日本統治這不可知的未來，人民異常驚慌，才有「百姓大驚惶」言。「蕃仔上山無頭鬃」是因日人不似當時臺灣漢移民皆結辮髮，故有是言，這該是當時臺灣民眾對日人最鮮明的印象，因爲臺灣漢人與日人都是黃種人，外觀最大不同處除了衣著，就在髮型差異。日軍武力進佔臺灣，導致人們四散逃難，「大厝走空空」是那時的社會實象。「查某囝仔，宓甲就挖老鼠空。蕃仔上山偷掠雞，一遍雞鳥掠了了」則呈現婦女唯恐遭日軍侮辱的驚恐躲避狀與日人的偷竊、掠奪行爲。

由這首歌謠，可大略了解臺灣民主國運作情況、民眾浴血作戰的情形、日人的惡行劣跡，與當時民眾因戰亂與畏懼日軍而產生的內在反應與外在行爲。除這首概述乙未變局的歌謠，尚有其他歌謠對乙未變局中某部分事況有所呈現，下文分項論之。

一、臺北附近民眾面臨戰亂的反應暨實錄

日軍攻臺，北部首當其衝，在日軍尚未登陸前，即有如下之歌謠流行於臺北附近民眾間：

> 基隆嶺頂作煙墩，滬尾港口塡破船。
>
> 番仔相刣唔不恐，着刣番頭來賞銀。〔註51〕

本首爲日軍登陸前在臺北附近流行的歌謠。歌謠前兩句所寫爲清法戰爭時事，清光緒十（1884）年清法戰爭爆發，法軍於八月五日進攻基隆，但因兵力不足的陸戰隊無法執行其佔領企圖，因此留下旗艦 Galissonniere 在基隆海外實行長期封鎖；九月三十日法艦十一艘集結於基隆港外；十月一日黎明，在孤拔親自指揮下，各艦先向岸上射擊，是日法軍佔領仙洞山；十月三日，佔領基隆西部，孤拔並登陸駐防；四日法軍復佔領基隆南方各堡壘及市區；八日進而佔領獅球嶺各堡壘，基隆自此全爲法軍所佔。「基隆嶺頂作煙墩」即描寫基隆爲交戰的烽火之地的情形。至於「滬尾港口塡破船」，滬尾爲今之淡水，當時淡水情勢亦非常緊張，故劉銘傳令孫開華等將石船沉塞以封淡水河口，並在封鎖線上佈置十枚水雷。待九月三日，孤拔派砲艦樓汀號在淡水口岸進行約一個小時偵察後，發現淡水河已被一些載著石塊沉入水中之戎克船

〔註51〕〈本島の日本領有に歸する前後臺北附近に行はれたる謠歌〉，《臺灣慣習記事》第壹卷第七號，1901.7，頁 72。

所造成的障礙物封鎖〔註 52〕。因爲當時日軍尙未登陸，戰事還未展開，故民眾藉清法戰爭時的場景，來表現日人攻臺前臺灣備戰的緊張狀態。

　　獎勵殺敵以獲賞銀，是清廷從來之習慣，因爲清國人沒有重酬不肯當兵，沒有懸賞不肯打仗，但無法給每個兵很高的餉銀，故只能用這種懸賞方式。割取敵首是因不能將敵人屍體帶回，爲要證明將士眞有殺敵，將敵首攜回是較容易的事。乙未年間，也延續清廷向來的作法，斬取敵首，可獲賞銀，在依唐景崧命令所張貼的賞格表中就列著：殺死日本將軍一人賞銀五百兩，並加給其他獎賞；殺死日本軍官一人賞銀五百兩；殺死日本兵一人賞銀一百兩〔註 53〕。所以「番仔相刣唔不恐，著刮番頭來賞銀」呈現當時實際情況。歌謠中表現臺灣民眾滿懷爲賞金與敵拼搏並斬取敵首的勇氣，因爲他們完全不知即將登陸的日本軍隊不但訓練精良且配備現代化武器，猶然以番視之。

　　在日軍登陸臺灣後，民眾所抒發的心聲已與前大有不同：

　　去年五月十三迎城埋
　　今年五月十三搶軍裝
　　可惡撫臺一時走去死
　　害唔百姓反亂豎白旂
　　是儂皇帝太不瑾
　　放伊東洋來做王
　　東洋做王未時知
　　下腳刘義拍起來
　　刘義東洋來相對
　　害唔淡水做戰場
　　東洋不比紅毛番
　　看伊食穿比儂恰不堪
　　驚伊將來那變動那佫
　　總着離了臺灣心即安〔註 54〕

〔註 52〕戚嘉林：《臺灣史：A.D.1600～1945》（臺北：著者，1991.9），頁 735～741。
〔註 53〕戴維遜（Lames W. Davidson）著，蔡啓恆譯：《臺灣之過去與現在》（臺北：臺灣銀行，1972.4），頁 188。
〔註 54〕〈本島の日本領有に歸する前後臺北附近に行はれたる謠歌〉，《臺灣慣習記事》第壹卷第七號，1901.7，頁 72～73。東洋做王未時知：不知日本何時來爲王；佫：壞。

這首歌謠是日本登陸後流行於臺北附近，日軍入臺之際，臺人深憂軍夫軍兵闖
入民家，各地摘茶之時，不分男女老幼，不識文字者皆傳誦云云〔註55〕。從這
首歌謠，可一窺臺北附近民眾身陷變亂的心情、反應與想法。歌謠一開始，先
將去歲之太平與今年之紛亂做一對照，以見如今處於戰亂的不平靜。歌謠中
說，五月十三迎城隍，其實霞海城隍誕辰是在農曆五月初六，後來因為商人信
仰商業神明關聖帝君之故，霞海城隍祭典遂改在五月十三關聖帝君誕辰之日舉
行，按照慣例，農曆五月十三當天，信徒會舉辦各種迎神賽會和遊行慶典，以
酬謝城隍庇佑，往往造成萬人空巷的盛況，俗諺「五月十三人看人」即形容慶
典舉行時，民眾競相觀看的熱鬧情景〔註56〕。日本治臺前一年，臺北還在歡天
喜地舉辦迎城隍活動，還是一番太平景象，可是當年五月十三（陽曆六月五
日），也就是唐景崧遁逃當天，臺北城中，卻滿眼盡是駭人亂象：

> 台北因為唐景崧的逃離而變得更加的混亂，士兵因向逃亡的人勒索
> 金錢而發財的事情被其他的士兵知道後，他們也想得到錢財，於是
> 紛紛湧至總統官邸。這些大陸來的清廷舊兵只要能得到金錢，對於
> 誰要逃離台灣都漠不關心，當他們抵達官邸時，唐景崧等人早已逃
> 走，於是他們就衝進屋裏，打破金庫，把所有值錢的東西搜刮一空，
> 將他們身上所穿的軍服脫下來，用來裝戴所搜刮來的東西。後來知
> 道內情的另一批士兵，因為已得不到任何值錢的物品，一氣之下便
> 放火將總統官邸燒掉，其中有人把設置在城牆的大砲卸下拿去賣。
> 那些用軍服裝錢的士兵離開官邸時，一路上從衣服中掉出不少的銀
> 圓，於是又引起其他士兵和當地居民發生搶奪的情形，有些人因為
> 拿的過多而被人撲殺，整個市區內呈現出一片財物搶奪及互相殘殺
> 的景象。就在這個時候，在基隆被日軍打得慘敗的殘兵也湧進台北，
> 這時台北已經沒有可慰勞他們和支付他們薪水的人，從被燒毀的總
> 統官邸裏僅能找到燒壞的時鐘，他們於是只好向著有利可圖的目標
> 前進，那就是去襲擊掠奪一般的老百姓。這些殘兵四處竄跑，到民
> 家搶劫財物，如果人民抵抗，就會被殺害，此時的台北所呈現的情

〔註55〕〈臺人之俗歌〉，《臺灣慣習記事》第貳卷第七號，1902.7。臺灣慣習研究會原
著，臺灣省文獻委員會譯編：《臺灣慣習記事（中譯本）第貳卷下》（臺中：
臺灣省文獻委員會，1887.2），頁42。

〔註56〕參戴寶村、王峙萍著：《從台灣諺語看台灣歷史》（臺北：玉山社，2004.12），
頁329～330。

景是一幅掠奪、殺人、放火、暴行四起的地獄圖案，聽説當時被殺
戮的人有數百個之多。〔註57〕

從這段記載，可知臺北城儼然成爲一座人間地獄，官兵變強盜，散兵遊勇與
暴徒四處劫掠、彼此殘殺，其中最無助者當爲一般良民，他們財產得不到保
障，生命隨時受到威脅，心裡的恐慌與處境的悲慘不難想像。這種景象即〈臺
灣民主歌〉中所描述的「十三城內全振動，亦無一个是好人。軍兵一時如蔥
蔥，並無一个是頭人」、「通庄土匪葉葉是，天地卜變做一時。正人打羅夯家
司，囝仔大小驚半死」、「五月反亂眞好看，臺灣一省尋無官。五路官兵通走
散，城內軍宗眾人搬」〔註58〕。

　　唐景崧不顧百姓、逕自逃跑，惹來民眾的咒罵已如前述。而造成這般景
況，身爲黎民父母統領全國的光緒帝亦難脫其責，若非其無能，怎會兵敗於
甲午戰中，更讓日本予取予求地佔有臺灣，是故百姓對他也有怨言，認爲是
皇帝行事不謹愼，才讓日本有機可乘在臺灣稱王。

　　又歌謠中的劉義乃劉永福，永福原名義，他在光緒二十（1894）年以
南澳鎮總鎮一職，渡海協辦臺灣防務，於唐景崧內渡後，續揭臺灣民主國
大纛，擔負起軍事抗日的重任，直至乙未年十月十九日，日軍逼近臺南，
見事不成，才變裝搭英船爹利士號潛逃。一般人對劉永福這段抗日事蹟，多
持正面評價。歌謠中說因爲劉永福和日本作對，才使淡水興起戰事，但此時
劉永福在南部鎮守，北部抗日軍並未接受他的指揮，這與事實顯然未合，只
是這也顯示這位抗法名將的高知名度，以及他在乙未臺灣攻防戰中居於重要
的領導地位，才在諸多抗日領袖中被民眾特別記得。

　　臺灣人大都爲漢移民，故也具強烈的華夷思想，日人向被蔑稱爲「倭」，
就算其於甲午戰中打敗清廷，也沒有扭轉臺民原本存在的輕視心理，全然不
知日本在明治維新後已脫胎換骨，甲午戰爭的勝利，更讓其取代清廷成爲亞
洲新霸權，可見當時臺民對國際情勢根本不了解、見識不足，才於歌謠中有
「看伊食穿比儂恰不堪」之語，在日本還未於臺灣展開正式統治前，臺灣民
眾猶然抱持著強烈的民族優越感。

　　處於亂局中，一般民眾對臺灣未來局勢發展甚感惶恐，異民族統治，總

〔註57〕喜安幸夫著：《台灣抗日秘史》（臺北：武陵，1989.4），頁41～42。
〔註58〕陳郁秀編著，陳淳如註解：《臺灣民主歌》，頁32～34。如蔥蔥：亂七八糟，
　　　　兵荒馬亂；葉葉是：到處都是；正人：眾人；家司：即傢伙之訛音，武器；
　　　　軍宗：軍事裝備。

使人心難安，故有不如離去意，總得遠離臺灣這紛亂之地，才能夠真正心安，之前「番仔相刣唔不恐」的那股豪氣已隨臺北附近情勢惡化而消失無蹤。從這兩首歌謠，可觀察出當日民心的轉變。另外，也看出亂世中民眾的願望乃是能平穩過生活，民族大義在他們心中遠不如生命財產不被侵犯、平安無虞度日來得重要。

　　另一首反映臺北亂象的歌謠為：

　　　撫臺逃走十二暝

　　　羅漢歡喜投半天

　　　內面庫銀淀淀淀

　　　若有福氣驚無錢〔註59〕

此描寫唐景崧離臺，臺北城陷入混亂之際，一些羅漢腳反倒歡欣雀躍的情狀。所謂「羅漢腳」乃臺灣一種無田產無妻子、不士不農、不工不賈、不負載道路，嫖賭摸竊、械鬥樹旗，靡所不為者。有此稱呼為其單身遊食四方，隨處結黨，衫褲不全，赤腳終生也〔註60〕。羅漢腳平素流蕩，居無定所，身無恆產，苦於生計，因此他們所關心的是經濟物質層面的匱乏，而不是國家民族層面的問題〔註61〕。在太平時日，他們不太可能獲得一夕發達的機運，但值此變亂紛乘、社會脫序之時，如果福氣降臨，反倒能於混亂中得到謀取財物的機會，府庫裡的錢銀盡可佔為己有。在清朝政權解體，日本統治權尚未確立的混亂世局中，拿取府庫錢銀不會受到任何懲罰，窮困的羅漢腳當然要把握這個難得的機會。當日連應該抵禦敵人的清兵都變成府庫的劫掠者了，羅漢腳這種心態、行動實不足為怪。歌謠描畫了當日臺北城失序的部分亂象。

　　面對臺北城失序，臺北地區的士紳、富豪、商人共聚一堂，商討收拾混亂局面的對策。他們均表示了一致的意見，即是答應日軍入城。商量的結果，選出商人辜顯榮為使者，於是辜顯榮一人到日軍軍營中去。辜顯榮來到基隆的日軍旅團司令部，要求會見樺山資紀，民政長官水野遵接見了他，辜顯榮把臺北的實際情況仔細說明給水野遵知道。開始時，日軍懷疑他是民主國派來的間諜，對他施以種種威脅逼迫，但辜顯榮始終泰然自若地應答，且表明自己願意

〔註59〕東方孝義著：《台灣習俗》，頁165。

〔註60〕參陳淑均：《噶瑪蘭廳志》（臺北：臺灣銀行，1963.3），頁28。

〔註61〕劉妮玲：《清代臺灣民變研究》（臺北：國立臺灣師範大學歷史研究所，1983.9），頁344。

擔任日軍到臺北的嚮導。當日軍向臺北前進時，在基隆和臺北之間遇到從臺北
來的美國報社通訊記者戴維遜等三人，他們是受到另一批臺北士紳和有力人士
的委託前來，因爲他們所敘述的與辜顯榮所說的完全一致，日軍始信任辜顯榮
所說的話，辜顯榮也照著自己的話在前端當日軍的前導〔註62〕。辜顯榮迎日軍、
做日軍嚮導，遂產生如下之歌謠：

　　日本上山兵五萬

　　看見姓辜行頭前

　　歡頭喜面到臺北

　　不管阮娘舊親情〔註63〕

這首歌謠在當時艋舺的藝旦間，天天晚上都和著胡琴演奏，是「走唱」經常
唱的一首歌〔註64〕。因爲辜顯榮協助日軍，辜家遂得此「機運」崛起，成爲
臺灣五大家族〔註65〕之一。身爲日方協力者，辜顯榮享有日人給予的權利與
名位，從此一路飛黃騰達。大正十三（1924）年因治警事件所開的庭訊，日
籍檢察官三好還讚賞辜顯榮，將其譬爲臺灣的顏智（甘地），此話一出，到處
成爲茶餘酒後的話柄，當時臺南詩人謝星樓做了一首〈新聲律啓蒙〉，其中「辜
顯榮比顏智，蕃薯簽比魚翅，破尿壺比玉器」就在嘲諷此荒謬的稱讚〔註66〕。
從日籍檢察官對辜顯榮的稱譽，就知他對日本殖民當局的忠誠。這雖爲他帶
來權勢與財富，但他甘爲日人奔走驅馳，終被富於民族意識者所不齒。

二、抗日行動與心聲 —— 八卦山之役與嘉義抗日志士的悲歌

　　遭逢動亂，一般民眾大多爲一身一家安危計，可是也有勇敢與日軍作戰
的臺灣民軍，他們是日軍從臺北南下之後所遭遇到的勁敵，雖然這些義軍倉
促成師，事先未經有組織的訓練，甚至以「竹篙鬥菜刀」這樣簡陋的武器來
對抗日軍的新式槍炮，但這陋劣的武器竟也立了大功，傳說率領近衛師團的

〔註62〕喜安幸夫：《台灣抗日秘史》，頁37～38、42。
〔註63〕陳浩洋作，江秋玲譯：《臺灣四百年庶民史》（臺北：自立晚報，1992.5），頁
　　　　170。
〔註64〕同前註，頁170。
〔註65〕臺灣五大家族爲基隆顏家、霧峰林家、高雄陳家、板橋林家、鹿港辜家。
〔註66〕吳三連、蔡培火等著：《臺灣民族運動史》（臺北：自立晚報，1983.10），頁
　　　　220。

北白川宮能久親王就被義民以鎌刀殺傷而後去世，只是日本當局謊稱能久爲在臺染瘧疾而逝〔註67〕。這些義民讓日軍在南下時吃足了苦頭，也使他們見識到臺灣民眾不屈的戰鬥意志。三角湧（今三峽）、大科崁（今大溪）、新竹、苗栗、八卦山、雲嘉等地，都有臺灣義軍拋頭顱、灑熱血的壯烈抗日行動，許多義士就在戰鬥中犧牲了寶貴的生命，其間感人之事蹟不知凡幾，如姜紹祖、吳湯興、徐驤三位秀才〔註68〕；非臺地出身的抗日統領楊載雲、吳彭年、楊泗洪、蕭三發、柏正材，他們不計各人利害，效死不去，戰死臺灣〔註69〕。這些義士捨生之壯烈猶令百年後的我們感佩不已。

各地戰役發生，有相關歌謠產生，如描述八卦山之役的這首歌謠：

八卦山，畫八卦，八卦山頂屢相剖。

吳湯興起義兵，殺死一隻狗山精。

吳彭年咸相連，聯合義士施仁思。

八卦山麓大出征，炸死倭王親久能。

民族精神大復興。〔註70〕

八卦山之役爲日軍攻臺行動中，我方犧牲慘重的一場戰役。這場戰鬥，在昭和時代曾編成名爲「八卦山」的戲劇，在臺灣民族運動有關人士之間秘密上演，藉以昂揚抗日民族意識〔註71〕。此役發生在八月廿八日，日軍於當日零時開始進攻八卦山，川村景明少將率所部右翼隊，撲八卦山西麓；內藤政明大佐率左翼隊，犯八卦山東麓。戰役中吳湯興戰至義民廟附近，彈盡力竭，欲入城，時人潮匆遽，適澀谷之騎兵大隊衝至，一彈飛來，竟穿其脅，遂亡。吳彭年則在橋仔頭督戰時，忽見八卦山已樹日旗，大驚，急統全軍回救，在南壇港（今彰化中山國小前）中彈墜馬，親兵四人翼之逃，不可，親兵不忍

〔註67〕 關於能久親王死因的推測與論述可參明耀：〈誰殺了北白川宮能久親王？〉，《臺北文物》9 卷 2、3 期合刊，1960.11，頁 51～56；曾旺萊編著：《蕭壠走番仔反：臺灣抗日秘辛》（臺南：南縣文化局，2001.12），頁 122～148。

〔註68〕 其事蹟可參張雄潮：〈苗栗抗日英烈三秀才〉，《臺灣文獻》17 卷 1 期，1966.3，頁 149～164。

〔註69〕 其事蹟可參張雄潮：〈臺灣乙未抗日死難五統領〉，《臺灣文獻》17 卷 2 期，1966.6，頁 85～96。

〔註70〕 戴書訓等編纂：《重修台灣省通志・卷十・藝文志・文學篇》（南投：省文獻會，1997.12），頁 1099。狗山精：指日軍；久能：應爲「能久」之誤。

〔註71〕 參向山寬夫原著，楊鴻儒等譯：《日本統治下的台灣民族運動史》（臺北：福祿壽，1999.12），頁 109。

離，遂同死。除此二人，在這場戰役中犧牲的將領尚有林鴻貴、湯仁貴、李士炳、沈福山、李仕高、沈仲安、楊春發等人，士卒亦死傷累累〔註72〕。這場戰役實為乙未抗日戰事中可歌可泣之一段，義士力戰身殉的偉大情操，猶令後人永誌不忘。

歌謠中提及的施仁思，係出生鹿港書香世家，割臺之初，臺中知府黎景嵩在彰化白沙書院設籌防局，無人敢與其事，施仁思毅然挺身為佐理，後又與鹿港武進士許肇清，偕同鹿港士紳組成義勇軍，共謀抗日，迨日軍陷彰化城，施仁思為奉親保家，才舉眷返泉州，然而鬱鬱成疾，於光緒二十三（1897）年六月三十日病逝，享年僅四十歲〔註73〕。

另外「炸死倭王親久能」則指北白川宮能久親王等一行十餘人赴崁仔腳勘查地勢，為守將沈福山發現，自山巔開砲轟擊，因能久不及避，為彈片射中之事〔註74〕。能久親王被炸死，係民間流傳其死亡原因的其中一種說法〔註75〕。歌謠標舉義士壯烈抗日與炸死日本親王的功績，誠如最後一句所言，這是可以喚醒民族意識與激發民族精神的。

當戰事失利，家園被日軍攻佔，義軍難免悲恨，這種情緒即流露在臺灣民眾耳熟能詳的嘉義歌謠〈一隻鳥仔哮救救〉中：

> 嘿嘿嘿都一隻鳥仔哮救救嘿嘿嗬，
>
> 哮到三更一半暝找無巢，
>
> 嗬嘿嗬啊；
>
> 嘿嘿嘿都什麼人仔加阮弄破這個巢都呢，
>
> 乎阮掠著不放伊干休，
>
> 嗬嘿嗬啊。〔註76〕

據學者研究，這首歌謠的意義是隨著歷史演變而有著不同詮釋，簡上仁認為：

〔註72〕參王國璠編著：《臺灣抗日史（甲篇）》，頁307～308。

〔註73〕參吳文星主持，鹿港鎮志纂修委員會編纂：《鹿港鎮志·人物篇》（彰化：鹿港鎮公所，2000.6），頁42。

〔註74〕參王國璠編著：《臺灣抗日史（甲篇）》，頁305。

〔註75〕一種說法是能久親王被八卦山上大槍打在身旁而嚇死，另一種說法是能久親王被八卦山的槍砲打中，受傷後送到臺南醫治，而後死亡。此分據彰化縣耆老許雨霖、黃開基之說。臺灣省文獻委員會採集組編校：《彰化縣鄉土史料》（南投：省文獻會，1999.9），頁15。

〔註76〕臺灣歌謠協會彙編：《台灣歌謠福佬語》（臺南：臺南縣政府，1996.5），頁14。

「一隻鳥仔哮啾啾」，亦曾是用雙關隱語來暗示，思念愛人的男士，因情侶不在身旁，三更半夜輾轉難眠的情景。而第二段歌詞，乃因時勢之所趨，產生於抗日時期的時代心聲。〔註77〕

如依簡上仁的說法，這首歌謠是先產生第一段，表達的為男女之間的情愛；第二段是之後才衍生的，乃寄託義士抗日心聲。又簡榮聰云：

> 彰化嘉南平原在地區性而言，指的是彰化、雲林、嘉義、台南一帶的西部大平原，這些地區，不僅是台灣最肥沃的農業區，且是先民從唐山開發台灣的重心地。

> 先民從唐山過台灣，從事農耕拓荒、華路藍縷，含辛茹苦，起先由於冒險及渡台禁令的關係，因此很多先民都是單身來台，也就是俗稱的「羅漢腳」，每當夜幕低垂，看著飛鳥歸林，聽著鳥聲啾啾、觸景生情，乃產生了「一隻鳥仔哮啾啾」的思親曲。這個民謠，描述的是一隻鳥仔哮啾啾，三更半眠找不到歸宿的巢，比喻單身漢離鄉背井，孤苦無依的淒涼情況。

> 「一隻鳥仔哮啾啾」這首民謠，到了日據時期，傳說內容起了變化。由於甲午戰爭，清廷戰敗，中日簽訂馬關條約，清廷把台灣割讓日本，日本軍閥佔據台灣之初，台灣的愛國志士群起奮力抵抗、保衛鄉土，奈因軍火不足，糧食不繼，終於在諸羅山一戰失守，英勇志士祇好含淚分手，流離四散，每想起痛失臺灣之事，悲從中來，就唱著這首代表內心感傷的諸羅山民謠。〔註78〕

若按簡榮聰所言，這首歌謠早在日治之前即流行於彰化、雲林、嘉南平原等地，是產生自臺灣移民社會的背景。臺灣先民多來自大陸閩粵地區，這些沿海居民熱衷渡臺，冀求在新天地中，開創新生活，可是清廷卻因恐臺灣成為反政府的根據地，對渡臺者頒布禁令，其中一條係渡臺者不得攜帶家眷來臺。這些渡海來臺者飽嚐背井離鄉之苦，在倦鳥歸巢、夜幕低垂之際，想到自己無法與家人共享天倫，只能孤身一人遠在大海一隅、荒陬之地的臺灣打拚，思鄉之情油然而生，發為歌謠，即藉三更半夜找不到巢的鳥兒，來抒發不能歸鄉的悲愁。

〔註77〕 簡上仁著：《台灣民謠》（臺北：眾文圖書，1987.7），頁 39。
〔註78〕 簡榮聰著：《台灣農村民謠與詩詠》（南投：台灣史蹟源流研究會，1994.6），頁 68。

　　歌謠具有的口頭流傳性，會使歌詞產生變異，另一種可能的變異即在某種情境下，藉著一首本非表達此事或此種情感的歌謠來抒發自己的感情、意志，早在春秋時期，列國間公卿大夫在進行外交活動時，就常用《詩經》中的某些章句，來表達自己的觀點，即所謂「賦詩言志」，而在賦詩言志時，又往往不管原詩的整個內容，只取其某一點的相同或類似〔註79〕。這當然是因為拿來吟唱的歌謠的象徵性強，其中所承載與表達的情志可以是多樣的，〈一隻鳥仔哮救救〉就是如此。鳥天黑回巢為其本性，歌謠中的鳥兒卻悲啼到深夜時分猶無法歸其巢穴，這並非是牠迷失路途，而是巢穴已被破壞，才致無巢可歸。這番景象，對照日軍攻臺，導致臺灣民眾家破人散、無家可歸，豈不是相符合？面對家園殘破，異族入主臺灣，這些義士難免有「孤臣無力可回天」的悲痛。當日嘉義城戰鬥的慘烈情況，可透過在攻臺的近衛師團中擔任陸軍步兵中尉的石光真清的描述來了解：

> 勝敗雖已可分曉，但潰不成軍的敵人仍然零星勇敢抵抗；在狹窄的城牆上，有時併攏了好幾把帶有紅色的長矛，向我們衝過來，有時揮舞大刀砍殺過來，敵我雙方都是踩在城牆上的屍體展開肉搏戰的。……可是這種戰鬥也在大約一小時後便平靜下來。
>
> ……因重傷而奄奄一息的敵人，和來不及逃亡而重傷的悲慘民眾（其人數之多卻出乎意料之外），令人不忍睹，我就一個一個把他刺死了。城內的掃蕩告了一個段落後，我才感覺到從早上以來的疲倦，於是坐在倒坍的瞭望臺石階上休息；遍地都是敵人的屍體，深紅色的血一面一面地流過我的腳跟。〔註80〕

前面激烈的戰鬥場面不須引述，僅從石光真清在戰役結束後所見的遍地死屍與血流成河，即知當日戰況的慘烈、犧牲的慘重。

　　當日軍進攻至嘉義，攻臺之役已近尾聲，可想見太陽旗幟飄揚，日軍志得意滿履臨在新得的領土上，從北白川宮能久親王所作「台北悠悠仁政成，皇軍到處湧歡聲；旭光將被台南地，殲彼巨魁安萬生」〔註81〕一詩，即可知日人初

〔註79〕參顧易生、王運熙主編：《中國文學批評史》（臺北：五南，2000.10），頁13。
〔註80〕石光真清著，梁華璜譯：〈「城下之人」——乙未日軍侵臺實記——〉，《臺灣風物》33卷3期，1983.9，頁82～83。
〔註81〕李雲騰編譯：《臺譯／日譯詩歌集：歷經烽火＝戰火を越えて》（臺北：李雲騰，2000.10），頁119。

據臺時睥睨一切的雄心。反觀臺灣反抗軍一再挫敗，猶如一抹殘陽，在窮途末路之餘，怎能不抒發心中懷抱的抑鬱之情呢？這種感情，遂藉唱著這首歌謠發洩出來，雖說這首歌謠是義士於諸羅山（今嘉義市）失守後傳唱的〔註82〕，但由歌中「不放伊干休」，可見義士的抗日氣概猶在，也為日本宣布平定全臺後仍蜂起的抗日行動做了預告。許多研究者即逕將這首歌謠解釋為日治時期的抗日悲歌〔註83〕。

三、臺民去留動向

日軍往攻臺灣，因為恐懼將來的亂事禍害己身，有能力的富豪、士紳等紛紛內渡大陸。從歌謠中，可看到民眾對這些逃離臺灣的社會領導階層的觀感：

> 說到頂港个名姓，頭人紳士真半丁。
>
> 亦無賊案共人命，一時般走過別省。
>
> 光緒日止再紅須，眾人請叫伊才情。
>
> 乎伴世界真好用，日本手頭了光名。〔註84〕

歌謠中表現出一般民眾對這些內渡的社會領導階層的鄙視，嘲諷這些臺灣北部有頭有臉的人物不是男子漢，因為他們還未和日軍一決死生，就畏怯地逃離臺灣。這些頭人紳士往昔主持鄉里事務，居於領導地位，高高在上，受到眾人尊崇，但日軍來攻竟然遁逃，這使他們之前的令譽毀於一旦，存在民眾心中的崇高形象也隨之破滅了。

〔註82〕 另一種說法是這首歌謠為嘉義地區抗日義士在臨刑前所唱，當時他們個個抬頭挺胸，高聲淒厲唱出這首〈一隻鳥仔哮救救〉，唱出家園遭人破壞的怨恨，這首歌謠從此悲切傳唱。鄭恆隆、郭麗娟著：《台灣歌謠臉譜》（臺北：玉山社，2002.2），頁5。

〔註83〕 持如此解釋的如：「『覆巢之下無完卵』悲壯的呼聲，正是〈一隻鳥仔哮救救〉所『悲鳴』之意；歌詞簡明，堪稱是乙未年（1895年）日本侵台，台灣義民的反抗『民族詩篇』。臺灣歌謠協會彙編：《台灣歌謠‧福佬語》，頁14；「即首歌詩、是日據時代傳唱佇雲嘉南平原分內心的悲哀。」黃勁連編註：《台灣歌詩集》（臺南：南縣文化局，1997.12），頁1。

〔註84〕 陳郁秀編著，陳淳如註解：《臺灣民主歌》，頁53。个名姓：叫得出姓名、有頭有臉的人物；半丁：不成材，不是男子漢，只能算半個男人；賊案共人命：日人稱抗日事件為「賊案」，殺日本兵為「犯人命」；日止：日子；再紅須：即「戴紅翎」之誤，清朝大官的帽子有紅色的羽毛，故當大官叫戴紅翎；乎伴：平洋；光名：功名。

另一首歌謠則直接批評板橋富豪林維源的內渡行徑：

日本憲兵若出門

紅的帽仔手拿刀

第一盡忠林朝棟

第一怕死林本源〔註85〕

歌謠中提及的林朝棟係出身臺灣五大家族中的霧峰林家，霧峰林家真正發跡、飛黃騰達的階段，就在林朝棟時。光緒十（1884）年，法軍入侵臺灣，劉銘傳奉命辦理臺灣防務，他的前任岑毓英將林朝棟推薦給他，林朝棟在此次戰役表現英勇，他先率領鄉勇與法人戰於三貂嶺、八堵等處，後來法軍據基隆，意圖南下，林朝棟部隊奮勇抵抗，法軍受挫，改攻淡水，林朝棟留駐獅球嶺，法軍乘勢加以圍住，激戰甚烈，傷亡慘重，情勢頗危，這時有賴林朝棟夫人楊氏禦敵救夫，與林朝棟相約一方從山上攻下，一方從敵背攻上，大破法軍，死傷萬餘，令法軍士氣大受影響。光緒十二（1886）年，劉銘傳任臺灣巡撫，對林家益形倚重，撫墾局長即由林朝棟擔任〔註86〕。因林朝棟曾於獅球嶺大破法軍，故臺灣民主國成立之初在分配防務時，仍以林朝棟駐守此地。後因廣勇、臺練不能相容，唐景崧又重廣勇、輕臺練，乃移林朝棟全師於中路，改由胡友勝統廣勇三營接替。瑞芳失守後，臺北紳董及英人提理知胡友勝難當重任，迭請速調林朝棟還鎮獅球嶺。唐景崧心意不決，及至情勢敗壞，始急電召之。但林朝棟所屬各營散處四鄉，難以即應。後於五月三十日發兵，六月四日抵新竹，五日林朝棟令傅德星向楊梅、中壢疾進。時潰軍紛紛南撤，謂唐景崧已於日昨潛逃無蹤，傅德星聞訊，回軍新竹，告林朝棟此事。林朝棟派人往迎唐景崧，六日，派遣之人回，謂唐景崧已內渡。之後棟軍聞候補道員楊汝翼乘機席捲餉銀，遁往福州，楊所領之臺防軍亦作鳥獸散，兵心頓時動搖，林朝棟與諸將雖約束之，奈何無用，遂拔隊開返彰化。後林朝棟知在軍事上終難取勝，乃挈眷至廈門，轉赴漳州原籍〔註87〕，於內地度過餘生。

歌謠中的「林本源」〔註88〕則指林維源，出身自臺灣五大家族中的板橋

〔註85〕參司馬嘯青：《台灣五大家族》（臺北：玉山社，2000.2），頁114。

〔註86〕同前註，頁107～109。

〔註87〕參王國璠編著：《臺灣抗日史（甲篇）》，頁236、269。

〔註88〕「林本源」一稱因林家先祖林平侯生有五子，各以飲記、水記、本記、思記、源記為家號，其中三房的國華與五房的國芳特重祭祖，合約設立祭祀公業，名稱則合「本記」與「源記」，以「林本源祭祀公業」為其公號，後人遂以「林本源」代表林家，林家對外的代表性投資活動，大都以「林本源」具名，迨

林家。劉銘傳治臺時，即以林維源爲撫墾總局總辦，總理全省撫墾事宜，之後更因林擔任北部地方清丈工作有功，而於光緒十六（1890）年晉授「太僕寺卿」〔註89〕。林維源在臺灣民主國成立時被推爲議長，但他辭不就職，且在日軍登陸澳底後匆匆內渡廈門，時人易順鼎批評他，曰：「林維源富累千萬，官至二品，諭旨令捐銀百萬，祇應八萬。甘以家產輸與敵人，乞其保護，漠視桑梓，靦顏寇讎。本無心肝，抑不足責。」〔註90〕但當代學者許雪姬，則對林維源的離臺行徑有較爲中立的看法，她認爲促使林維源做出此項決定的原因有三：一、他是家族的重心；二、日本已登陸，而台北城兵民交變，富戶已成爲覬覦的對象；三、服從清廷內渡的命令〔註91〕。

其實不論林朝棟或林維源最後都選擇渡返大陸，但爲何民間對這兩人的評價有如此大的差異？這有可能是林朝棟清法戰爭時擊退法軍的英勇形象已深入民眾心中，而且其本來亦存抗日之志，只因唐景崧潛逃，軍心渙散，見抗日事不成，才內渡廈門；反觀林維源在日軍甫登陸臺灣時即匆忙內渡，若再照易順鼎所言，其不但對民主國捐輸慳吝，且與敵人通好。日軍作戰時，林家與日軍保持特別友好的關係，駐守林家的私兵一千名奉命不得傷害日軍、不得拒絕日軍搜查，他們並持有總督府發行的良民證，而由林家保證的附近村落，日軍也免除搜索〔註92〕。林家與日敵交好的行爲自然容易引起民眾譏諷，可是霧峰林家則未有通敵行徑，所以臺灣民眾仍認林朝棟爲盡忠之人。從歌謠中，能觀察出民眾對離臺且與日軍通好的社會頭人的不良觀感。

有能力者內渡大陸，無遷徙之力或不欲內渡的臺灣民眾只好逃至偏僻的鄉下避亂，戰亂中民眾只求能保全性命，錢銀這身外之物對他們來說已成爲不重要的東西：

> 說到敗兵个代志，圭良有物無人遲。
>
> 眾人苦走不得到，錢銀恰多是卜年。〔註93〕

　　　理也在此。參司馬嘯青：《台灣五大家族》，頁250。

〔註89〕參司馬嘯青：《台灣五大家族》，頁261～262。

〔註90〕易順鼎：《魂南記》（臺北：臺灣銀行，1965.8），頁25。

〔註91〕許雪姬：〈日治時期的板橋林家——家族與社會活動〉，收錄於賴澤涵主編：《台灣社會、經濟與文化的變遷》（桃園：中央大學，2005.8），頁152。

〔註92〕陳逸雄譯解：〈福澤諭吉的臺灣論說（二）〉，《臺灣風物》41卷2期，1991.6，頁91。

〔註93〕陳郁秀編著，陳淳如註解：《臺灣民主歌》，頁32。遲：拯之訛音，要之意；是卜年：又有什麼用。

歌謠中顯現基隆民眾驚慌的避難景象。Lames W. Davidson 一段基隆尚未淪陷前的實況描述:「基隆港中,有各種木船運人家到鄉下去避難。兒童無知,嬉笑唱歌,以爲是節日出遊,而大人則無不愁眉苦臉,恐懼焦急。基隆市成爲非常荒涼,市場和商店都關閉了,少數鄉下人也急忙逃避。」〔註 94〕適可補足歌謠中的描述,了解基隆陷落前後的情景。「走番仔反」這一詞語,即源自當時逃難此社會現象:

> 甲午戰爭後,日本佔領台灣,老百姓不服,紛紛起兵反抗,日本派
> 兵鎮壓,凡是被認爲反日的,一律當做土匪看待,不論男女老幼全
> 殺。所以在戰亂中一般人民被恐怖籠罩,嚇得東奔西跑,躲在山林
> 中逃難,這就叫做「走番仔反」。走反時抱在懷中的小兒女,是不知
> 利害的,饑寒時啼哭,日軍發現,殃及一群同胞。因此父母只有把
> 親生子女扼死,以絕禍根。由此可以想見當時台灣同胞之遭遇是如
> 何的淒慘。〔註95〕

「走番仔反」時,爲不殃及他人的性命安全,竟得痛下心來殺害自己的親生骨肉,這是何等悲慘與無奈,於此可見乙未日軍攻臺期間臺灣民眾是怎樣惶惶不安、戰戰兢兢地在戰亂中度日。

四、日人惡行揭露

日人至臺後,挾戰勝者的威風,欺凌居弱勢的臺灣人,做出傷害臺灣人的惡行。歌謠中對此種劣跡有所揭露:

> 不少日本脫庫生,赤身路体一時間。
> 力人雞鴨滿六萬,正人看見驚甲瘦。
> ……
> 日本那有手了賤,去圯媽祖个披肩。
> 此時反亂眞無變,眾人看見眞了然。
> 冬洋日本眞無樣,巢撻人家个姿娘。
> 長官盃伊出外鄉,眾人欣喜打手掌。〔註96〕

〔註94〕 戴維遜(Lames W. Davidson)著,蔡啓恆譯:《臺灣之過去與現在》,頁
　　　209。
〔註95〕 蔡胡夢麟著:《嶽帝廟前:臺南鄉土回憶錄》(臺南:南市文化局,1998.6),
　　　頁 94。
〔註96〕 陳郁秀編著,陳淳如註解:《臺灣民主歌》,頁 38、46～47。脫庫:即脫褲之

歌謠中顯現日人進佔臺灣沒多久，就做了抓人雞鴨、強姦婦女等壞事，也不尊重臺灣傳統信仰。在當時有日本官吏或士兵佔用寺廟、破壞神像之事，之後樺山爲收攬民心，乃於明治二十九（1896）年一月十八日發布「有關寺廟等保存之諭告」〔註97〕。

日人惡行並非臺民憑空杜撰，在日人自己的記載中也提及這些逾舉之爲。福島正安〈淡水新政記〉即寫著：

> （一八九五年）六月十八日　接到台灣總督的「有關日本人勞工取締（管理）的諭告」，由竹林少尉對部下的勞工嚴加諭知。近來往往有人訴告有日本人勞工闖入民家掠奪財物或有不法的行爲等情。……又勞工的服裝不整，或穿戴的服裝不定，甚至有人裸著身體在屋外走動的，在風紀上都不妥當，將來必須使之穿戴法定的衣飾，並且嚴禁不得裸身，如有違反的即交給憲兵嚴加處罰。〔註98〕

福島正安文中所寫的日人勞工至民家強奪財物與赤身裸體的行爲，正是歌謠中所控訴的日人的搶奪劣行與在臺灣人眼中視爲不合禮法的「脫庫生」的作爲。

除偷竊、搶奪等惡劣行徑，日人更令人痛恨的還在作戰時採焦土政策，因日軍南下時受到義民猛烈攻擊，故將有大量義民出沒地區的住屋悉數焚燬，使居民失去容身之所。更甚者，日軍大量屠殺居民，此爲〈臺灣民主歌〉中描寫的：

> 日本排陣火蜈蚣，放火燒厝不見人。
> ……
> 新庄山頂龍潭陂，廿一法水全日子。
> 囝仔大小走不利，全家个人塞巢死。
> 日本見打幾所在，也示百姓甲伊剖。
> 被伊燒去八十擺，并無眞主通出來。〔註99〕

訛音：路体：即裸體之訛音。日人剛到臺灣，有很多日本男人經常赤裸上身，衣衫不整，只穿著一條丁字褲，就在街上走來走去；力：掠之訛音，抓之意；滿六萬：到處都是；正人：眾人；手了賤：手爪賤之訛音，意指手腳不乾淨的竊盜之徒；扯：偷之訛音；眞無變：眞無搬之訛音，眞是沒轍；冬洋：東洋之訛音；巢捷：糟蹋之訛音，強姦民婦；丞伊：革伊之訛音，革職。

〔註97〕參向山寬夫原著，楊鴻儒等譯：《日本統治下的台灣民族運動史》，頁245。

〔註98〕福島正安：〈淡水新政記〉，收錄於古野直也著，許極燉編譯：《台灣近代化秘史》（高雄：第一，1994.2），頁71～72。

〔註99〕陳郁秀編著，陳淳如註解：《臺灣民主歌》，頁54、56。示：是之訛字。

在香港電報通訊員マヰヤース（Myers？）有關臺灣戰況的通訊中，即有日軍此種橫暴行為的報導：

> 原先客家擬一舉將日兵悉予殲戮，既未達目的，勝利反歸日方。惟事後之軍事會議，竟傳令大姑陷及其附近各屋應悉予燒燬無赦，翌晨付之實行，於撤還首府沿途，凡可焚火者悉不留餘燼，皆付之一炬，客家之遭誅戮者，更無可枚舉也。〔註100〕

日軍殘暴的燒殺行為，對臺民生、心理造成極大傷害。因為日軍慘無人道，遂激起臺灣民眾的抗日意志，臺灣文學先輩巫永福的民族意識，就在日軍屠殺無辜百姓中被激發出來：

> 當日本人據臺的有一年，那時我年紀還小，很多人都逃離家鄉，俗稱「走番仔反」（番仔即日本人）。我家就住埔里，埔里人起而抵抗，後來日軍一直增援，才把埔里攻下，而抓了很多人，就在東門城外執刑，可說是大屠殺，這一殘酷的事實，我小時候親眼目睹，於是種下了強烈民族意識的根。〔註101〕

最初臺北附近的抗日行動，民眾參與度並不是很高，因為這時民眾所思者乃在如何保全自己的身家性命。但日軍南下時的瘋狂大掃蕩與暴虐行徑，激起民眾仇視日人的心理，因而加入了對日作戰的行列。如大莆林匪首簡精華在日軍將進據當地時，還宰殺豬羊、清除道路迎接之，後日軍到達，要簡精華獻婦女二百人，簡精華不答應，日軍竟至其家搜得婦女六十餘人，縱兵淫污，對簡精華的家人姦辱尤酷，簡精華一怒之下，遂接受劉永福招撫，投入抗日行列。

五、民眾於抗日行動的觀感

乙未之際，臺人對於與國家命運休戚相關的觀念還不濃厚，所以當日軍進攻北部時，臺北近郊的上層階級最關心的是如何保住自己的生命財產〔註102〕，而對一般庶民大眾來說，這又何嘗不是最重要的事。在日軍暴虐大屠殺後，民眾紛紛抗日，是這種心態的表現，因為日軍殺害其家人，毀壞其家園，使他們

〔註100〕程大學編譯：《臺灣前期武裝抗日運動有關檔案》（臺中：臺灣省文獻委員會，1977.5），頁87。

〔註101〕黃武忠：《臺灣作家印象記》（臺北：眾文圖書，1984.5），頁91。

〔註102〕喜安幸夫：《台灣抗日秘史》，頁7、43。

家庭破碎，失去安身立命之所，這種仇恨，自然激起民眾和日軍拚命的勇氣；同樣的，迎日軍進城、甘願效忠日本，未嘗不是基於這種心態。所以當時打類坑（塔寮坑，今迴龍）的人民因恐匪徒來襲，竟向日偵察隊請願，請求派遣兵員數人駐該地。且在日偵察隊甫到時，皆至市之入口以表歡迎〔註103〕。戴國煇在論辜顯榮引日軍進城一事時，即認為不需要先以道德史觀來下是非判斷，嚴厲批判辜的這種行為，反而應從深入當年的「生活者意識」來考察，就可以明白當時在臺北的士紳為了保障自己的身家財產，必定有這樣的作法，就如同客家莊為了生存起來抗日一般〔註104〕。若從「生活者意識」來察看，就容易了解當時民眾在抗日與迎日之間擺盪的心情，其實就在尋求最有利自己生存的方式。因為這種求生存的想法，當日就出現民眾「備黑白二旗，白者書大日本帝國善良民，黑者則寫歡迎義勇軍，日倚門遙望，見日軍來，則急插白旗，見義勇軍到則急拔白旗插換黑旗」〔註105〕的情形。

義軍與日軍交戰引起社會動亂，這使民眾身家性命受到威脅，從使他們無法安居樂業這點來看，民眾覺得抗日分子和日軍是同等可惡的，如果他們不反抗，就不會引起日軍興兵鎮壓，那平靜的生活就不會徒生波瀾，身家性命也不致受到危害。所以有民眾對義軍抗日，也產生不諒解態度，這是乙未年間另一種真實的聲音。

乙未年底，有詹振、簡大獅、陳秋菊等人相約於陰曆十一月廿七日（一八九六年元旦）合攻臺北城。此役詹振率領所部，攻進錫口（今松山地區）〔註106〕，有歌謠描寫此事：

> 五分埔出詹振，盡忠報國在招兵，
> 招到石曹山仔頂，五路招起八萬人，
> 十七早起殺苦力，錫口眾庄全罷市，
> 看見火車來到著，詹振點兵去鬥爭。〔註107〕

歌謠中肯定詹振的抗日行為，認其為「盡忠報國」之人。「錫口眾庄全罷市」

〔註103〕程大學編譯：《臺灣前期武裝抗日運動有關檔案》，頁36。
〔註104〕戴國煇：《台灣史探微：現實與史實的相互往還》（臺北：南天，1999.11），頁116。
〔註105〕篁村：〈日軍侵竹邑前後〉，《臺北文物》10卷2期，1961.9，頁110。
〔註106〕關於詹振起義的詳細情形，可參廖漢臣：〈詹振抗日考〉，《臺北文物》3卷1期，1954.5，頁60～64。
〔註107〕周榮杰：〈台灣歌謠的產生背景（一）〉，《民俗曲藝》64期，1990.3，頁33。

則見抗日行動對松山地區造成極大的影響。雖有稱讚詹振之歌謠，但因起義引起日軍鎮壓，招致許多無辜民眾受害，是以〈臺灣民主歌〉也出現另一種聲音，責罵詹振抗日行為不當：

> 錫口查某罵一疼，詹振狗拖不示人。
>
> 無頭公案先不通，害人無厝罪掛重。〔註108〕

詹振起義，使日軍在收復錫口後，放火燒屋以為報復，整個地區被燒成平地，當時民政局總指揮官牧朴真在報告中即言：「前此，錫口街曾為土匪所佔領，斷電線，遮鐵路等。惟自昨一日夜來，即予以攻擊，迄今晨，悉加掃盡，燒燬民家，電線鐵道均恢復通至基隆。」〔註109〕對錫口居民來說，詹振起事破壞了他們平靜的生活，使他們失去棲身住所，這種行為罪大惡極，因此責罵詹振「不是人」。對民眾來說，失去遮風蔽雨之所是天大之事，哪還管得了詹振的抗日行動是不是盡忠報國。這就是黃昭堂所言：「不管抗日戰所依據的是什麼名目，戰亂惹起社會混亂，隨之而來的是盜賊跋扈。結果，在住民之間，不僅對日本軍連對抗日運動也發出怨恨之聲。」〔註110〕這些民眾就某種層面來看，可說是無知的，但當一個人最低限度的生活需求都被剝奪之時，懷有這種心態，也是情有可原的吧！

第四節　小　結

　　甲午戰中，除澎湖被攻佔外，臺灣根本為戰火未及之地，可是卻於馬關條約中被割讓給日本。臺灣民眾驟聞此事，莫不愕然、憤恨。就他們所知曉的情形，是清廷全權大臣李鴻章簽訂了此一賣臺條約，將臺灣拱手送給日本，這種見聞反映於歌謠中，即出現咒罵李鴻章語，且認定其為通倭賣國的奸臣，欲勾結日本以遂其私慾。雖然歌謠中所述多非事實，而是民眾認定李為奸臣，加以想像後，加諸他身上的負面形象，但於此正可見當日民心動向。雖然割臺之罪不應算在李鴻章身上，但他在談判期間重遼東輕臺灣，對保全臺灣未盡全力；於臺灣割讓後，又未撫慰臺民，反言「臺多亂民」；當光緒帝著其就

〔註108〕陳郁秀編著，陳淳如註解：《臺灣民主歌》，頁60。一疼：一回；狗拖：罵人是被狗拖著跑的壞蛋；不「示」人：「是」之訛字；先不通：千不通之訛音。

〔註109〕程大學編譯：《臺灣前期武裝抗日運動有關檔案》，頁144。

〔註110〕黃昭堂著，廖為智譯：《臺灣民主國之研究》，頁99。

臺灣事與伊藤博文再行交涉時，他唯恐觸怒日本，導致亂事再起，根本未努力就斷然放棄；而在其子李經方被派爲交割大臣時，因爲當時臺民對李氏父子甚爲痛恨，他關心兒子安危遠甚於臺灣整島民眾的性命身家。所以李鴻章也怨不得臺民醜化其形象。李鴻章確有虧待臺民處，因爲在他眼中只知有君，不知有民；只知有自己，不知有他人。

當割臺成爲事實後，爲了抵禦日本，臺灣紳民倡建臺灣民主國，試圖以獨立的方式，獲得外援，使臺灣能從被割讓的困境中脫身，因臺灣民主國成立的本意，根本不在以自身武力抗拒日本接收臺灣，因此在日軍登陸澳底，以破竹之勢向臺北挺進時，被拱爲民主國總統的唐景崧唯恐禍及己身，遂遁逃回廈門。當日臺民對唐景崧逃跑事甚不諒解，因爲唐景崧爲臺灣最高領導者，怎能在情勢危急時拋棄人民，任憑民眾處於生命受到威脅的境況中而絲毫不顧念？這種情緒反映於歌謠中，即是責備他這種自私膽怯的行爲，以「去死」此種毒言詈罵他，還說他罪行深重等等。

故由歌謠中可窺見當日臺民對清廷中央大臣與地方官吏的不諒解態度，處於下位的民眾對上位者不能有所制裁，只好透過歌謠來發抒內心的不滿，以稍解鬱悶。對臺民而言，李鴻章是將臺灣割讓給日本的罪魁禍首，當然該受到譴責；而身爲臺灣父母官的唐景崧，竟也於臺灣動亂之際，爲一己苟安，拋棄民眾，潛返大陸，這同樣是民眾無法認同的行徑，歌謠中的聲音，就是民眾最直接與最眞實的情感表露。但在民眾責罵李與唐的歌謠中，也發現一個有趣的現象，即歌謠中所出現的李鴻章的負面事蹟，多屬民眾想像，與事實不符之處甚多，但唐景崧的事蹟則多屬實。因爲李係中央大臣，其事蹟非直接爲臺民所知，多憑耳語相傳，臺民既認定李鴻章爲罪人，可想而知李的負面形象就在街頭巷尾的口耳相傳中慢慢成形，是以在〈臺灣民主歌〉中形塑了「醜惡的李鴻章」；但唐身在臺地，〈臺灣民主歌〉的歌者又爲臺北人，其事蹟的眞實度自然較高，對唐的責備與咒罵也就較能依據情理而發。

另歌謠中，呈現乙未變局的諸般景象：臺北附近的紛亂、脫序；八卦山之役、嘉義抗日志士面對家園淪亡的無奈與不肯輕易降服的豪情；民眾對往昔社會領導階層的尊崇，已隨他們遁逃大陸而消逝；日軍進佔臺灣後所爲惡行，讓民眾心有怨怒；民眾渴求太平生活，因此對抗日分子起義，造成日軍報復、社會動亂，嘖有怨言。從歌謠中可以看到臺灣社會在動亂中解體，既

有秩序解體，民眾舊有認知亦解體。如何將解體的社會重建、邁向未來，這恐非大多數民眾所能慮及，因為他們只求能苟全性命於當下，而當日本統治者將解體的臺灣社會再行重組時，卻已非前清舊樣。

　　因時代背景產生了這些歌謠，從歌謠中尋覓到當年的境況與人情，雖然這些歌謠的場景有北有南，但綜而觀之，就是一幅乙未年間的社會縮影圖，北部的紛亂景象，何嘗不在中南部出現？南部志士的悲憤，又何嘗不是他地志士的心聲？當時臺灣民眾被歷史洪流推向不可預期的未來，無力改變這一切，但透過這些歌謠，我們知道了經歷當日那場變局時，臺灣先輩們懷抱的想法、情感，也讓百年後的我們試著去體會他們當年經歷過的種種。

第三章　歌謠中銘刻的殖民統治政策
　　　　與制度

　　臺灣是日本第一個海外殖民地，在此之前，日本並沒有任何殖民地統治經驗。治臺初期武力反抗頻仍，島內治安難平，各項建設均無法順利展開，每年還須仰賴中央政府提供補助金。處於手握一顆燙手「蕃薯」的狼狽情形下，在日本佔領臺灣三年後，政壇掀起「一億日圓賣卻臺灣論」，法國接手意願強烈，但國會終以些微票數持續日本的對臺統治〔註1〕。

　　這個棘手問題在第四任臺灣總督兒玉源太郎赴任（1898.2～1906.4）之後獲得解決。在兒玉任內，不但掃平令殖民者頭痛的臺灣前期武裝抗日行動，還奠定臺灣的現代化基礎。臺灣斯時開始脫胎換骨，明治三十八（1905）年起，臺灣財政已不再需要日本中央政府補助。兒玉傑出的治績，實得力於他所任用的民政長官後藤新平，擁有後藤新平這樣能幹的官吏可說是日本帝國之福，但對臺灣人來說，其高明的經營手法，究其實，就是以嚴密的統治與殘酷的手段來對付臺灣人，許多對臺灣人民影響重大的統治政策與制度，就在「兒玉、後藤時代」制定或奠定基礎、方向。北岡伸一《後藤新平傳》中即言：「若說在日本統治台灣約五十年的期間，後藤新平的影響力無人能及亦不為過。」〔註2〕

　　本章所欲探討者，為日治時期一些重大殖民統治政策與制度在歌謠中的反映、呈顯，其中許多政策、制度，即為兒玉、後藤時代特有之措施，不然就是從這時開始實施，如：為消弭抗日勢力所施的鎮壓與招降政策、保甲制

〔註1〕　參洪麗完等主編：《臺灣史》（臺北：五南，2006.4），頁176。
〔註2〕　北岡伸一著，魏建雄譯：《後藤新平傳》（臺北：臺灣商務，2005.4），頁35。

度、警察政治。鴉片漸禁政策雖非在兒玉、後藤時代開始實施，但實採後藤任內務省衛生局長時所建議的漸禁策，故與後藤也脫不了關係。本章一以歌謠為另一種文獻，以見日本殖民統治政策與制度的實施；二由歌謠中考見這些政策、制度的施行成果，在殖民當局有意推動下，其成效如何；三則試圖觀察歌謠中所流露的民眾情緒反應，以見臺人對這些政策、制度的觀感與接受度。

下列這首歌謠，可對日治時期殖民統治政策與制度有一概括之了解，於此先引之：

帽仔戴斜 phue^2

無人知

我家己 kue^2

恬恬聽我唱

唱到彼當時

火車卜行行鐵枝

無腳無手會行真怪 i^3

行到半路會停 tang^1

大正二年剪頭鬃

頭鬃剪了了

日本人順續禁簿局

簿局禁來有詼諧

食薰著掛牌

食薰人介 ni^1　si^1

菜店查某設藝妓

藝妓設來真正沖

日本人住佇嘉義街仔城佇咧反

反卜菜擔一擔拾五仙

拾來無歡喜

翻轉冬抽苦力

苦力抽來真正經

庄頭設壯丁

壯丁設來藤牌銃

　　　庄頭設保正

　　　保正設來賊仔濟

　　　掠卜總督府衙

　　　罰卜一箍九角八

　　　……。〔註3〕

按講述者自陳，這首歌謠是她十八、九歲時學來的，當時村裡有車鼓隊，這
是車鼓表演時，丑角在唸的。「弄車鼓」時，丑角為配合演出情境來達到娛樂
效果，常會將一些民間傳唱的兒歌或俗諺歌謠湊在一起唸誦，由本歌謠內容
的駁雜即可見一斑〔註4〕。歌謠中，一些殖民統治政策與制度皆有所呈現：一
是交通設施的興建；二是斷髮政策；三是禁止賭博；四是鴉片漸禁政策；五
是保甲制度。所以將這些政策、制度編入隨口哼唱的歌謠中，當是政策或制
度與民眾關係密切所致。

　　歌謠中提及的斷髮政策、鴉片漸禁政策、保甲制度，以及為消弭抗日勢
力所施的鎮壓與招降政策、日語政策、放足政策、警察政治，即為本章欲探
討的主題。這幾項殖民政策與制度，依其屬性區分，為消弭抗日勢力所施的
鎮壓與招降政策、保甲制度、警察政治，是日人為消滅反抗勢力，及有效監
控、管理臺灣人所採行的手段，日本當初所以施行保甲制度與警察政治，起
因就為消滅抗日勢力，這三者有一定關聯；日語政策、斷髮政策、放足政策，
則均屬殖民政府的同化事業。是以本章行文順序，將照政策、制度之屬性，
依消弭抗日勢力的鎮壓與招降策略、保甲制度、警察政治、日語政策、放足
與斷髮政策之序分節論之，鴉片漸禁政策則置於最後。

第一節　消弭抗日勢力的鎮壓與招降策略

　　日本治臺當年末，雖然號稱全臺平定，且從隔年，即明治二十九（1896）
年四月一日起改行民政，但臺灣的抗日行動實未止息，只是變為游擊形態而

〔註3〕胡萬川、陳益源總編輯：《雲林縣閩南語歌謠集（三）》（雲林：雲縣文化局，
　　　2001.1），頁 12～14；講述者：林吳也。講述者於民國八十八年接受採訪時，
　　　年八十一，若按其言這首歌謠是她在十八、九歲（民國二十五、六年）時學來
　　　的，那當是日治時期傳唱的歌謠。恬恬：安靜貌；詼諧：指挖苦人、耍人的事；
　　　沖：凡事得意得勢；反：翻尋；翻轉冬：隔了一年；正經：很當一回事；藤牌
　　　銃：以藤條編成的擋箭牌和槍；賊仔「濟」：多。

〔註4〕同前註，頁19。

已。因爲據臺初期的失政招致民怨，總督府的新經濟管理措施剝奪臺人的既
得利益和工作機會，以及不少臺人仍存復歸中國的念頭等原因〔註5〕，臺灣各
地仍有抗日分子，以武力抗拒日本統治。

　　時人所稱抗日三猛「簡大獅、柯鐵虎、林少貓」，即代表當時北中南三股抗
日勢力。其實在明治三十五（1902）年前期武裝抗日行動被弭平前，臺灣的抗
日勢力並不僅這三者，在北、中、南各地，尚有其他反抗勢力存在著〔註6〕。
臺灣總督府因爲抗日分子擾亂治安，有礙日本統治基礎的鞏固，故凡反抗者，
不問理由，概稱爲「土匪」，且將其分爲三類：

> 第一，爲我初接受台灣時割據島內各地抵抗皇軍之清國舊兵之
> 類。……第二，乃本意之土匪，即草寇，但與單純之盜賊不同，多
> 半恰可視之爲我國自古以來之賭徒加盜賊之性質。且與流寇不同，
> 均有巢窟，大致在一定地區肆意惡行，一夥之首領中不無略通文字
> 明事理者。但黨徒多爲放蕩無賴之惡漢。眞正意義上之土匪即此類。
> 第三，初掃蕩土匪時，當局不易甄別良莠，因此往往不免有玉石混
> 淆之禍。加之掃蕩土匪時見罹父兄親戚之禍，怨恨官憲，或受本地
> 密探之誣告，申冤無由而流入匪群。此等人素爲良民而被視爲本來
> 土匪。〔註7〕

所以日治初期被稱作土匪者，並非全然是一般人認知中的土匪。其實，殖民當
局的「土匪」之稱，乃沿襲清代政府的說法，「『土匪』一詞在清代政府的界定，
只要有明顯的抗官行爲者，皆例稱『土匪』。」〔註8〕因此總督府亦照清例，將
有抗日行爲者統稱爲「土匪」。當時抗日領導者，大抵是富有資產的礦區主、豪
農、總理、豪商及綠林豪，以當地有資產與地方名望之士居多〔註9〕，兒玉源
太郎也了解這種情形，故在對軍隊長官開示的施政方針中即有「舊時代之土匪
爲無資無產之徒，良民不參加之；今之土匪則否，有產有資，且備受鄉黨之愛

〔註5〕　參黃秀政、張勝彥、吳文星著：《臺灣史》（臺北：五南，2003.8），頁171～
　　　　172。
〔註6〕　關於本期存在哪些抗日勢力，可參翁佳音：《台灣漢人武裝抗日史研究（1895
　　　　～1902）》（臺北：國立臺灣大學出版委員會，1986.6），頁99～106。
〔註7〕　臺灣總督府警務局編，王洛林總監譯：《台灣抗日運動史》（臺北：海峽學術，
　　　　2000.8），頁449。
〔註8〕　張崑將：〈清末及日據初期台灣地方武裝團體性質的演變〉，收錄於洪宜勇主
　　　　編：《台灣殖民地史學術研討會論文集》（臺北：海峽學術，2004.2），頁250。
〔註9〕　參翁佳音：《台灣漢人武裝抗日史研究（1895～1902）》，頁108。

敬者，驅此良民使陷入如此境地，實爲聖代之治者！應大自反省考慮」〔註10〕
之言。因之只有被歸類爲上述第二種者，才是眞正的土匪。

　　抗日分子破壞地方安寧，使各項建設無法順利推動，這讓亟欲一新臺政
的總督府極爲頭痛。第一任總督樺山資紀與第二任總督桂太郎都採取武力討
伐，在無差別血腥鎮壓下，不分良民或抗日分子，一律屠戮，明治二十九（1896）
年六月的「雲林大屠殺」，無差別的殺戮行動使民眾的生命財產蒙受極大的損
害。當時參與此行動的今村平藏，就曾記錄村民被屠殺的悲慘事況：

> 二十、二十一、二十二之三天，討伐隊、憲兵、警察官、支廳員等
> 打成一片，掃蕩敗竄於各村落之民軍。……於是乎，雲林東南一帶
> 之地，即斗六堡東南面一半、鯉魚堡及打貓東堡各地五六日里間，
> 凡兵煙之下，無不盡成肉山血河，既不分良匪，復未辨薰蕕，幾千
> 房屋竟付諸一炬，無數生靈頃刻間盡成斬首台上之怨魂。〔註11〕

唯隨意屠殺，反而激起無辜受害民眾的反抗心，所以問題並未得到徹底解
決。第三任總督乃木希典上任後，撫剿並施，制定歸順政策，對歸順者既往
不咎。只是這項政策到基層就推行不下去，主要原因爲發生警察與憲兵爭功
的情形，往往一方所招降的抗日分子又被另一方捉去，甚至殺害，造成抗日
分子對日軍的不信任，歸順政策也就完全失敗，而於明治二十九（1896）年
底終止。之後，乃木發表宣告，認爲至今尚未來歸者，顯然沒有歸順的意願，
須派軍隊加以處分、討伐〔註12〕。明治三十（1897）年六月「三段警備制」
〔註13〕登場，惟因此制造成軍警之間權限之爭，百姓亦無所適從，更造成抗
日分子活動頻繁〔註14〕，反而滋生許多問題。

　　兒玉源太郎上任後，爲有效消滅反抗勢力，鎮撫並施，多管齊下：鑒於「三

〔註10〕求適齋主人：〈臺灣北部土匪投降顛末〉，《臺灣風物》第 8 卷 7、8 期合刊，
　　　　1959.6，頁 3。
〔註11〕今村平藏著，劉技萬譯：〈「雲林事件」目擊眞相──蠻煙瘴雨日誌〉，收錄
　　　　於王曉波編：《臺灣的殖民地傷痕新編》（臺北：海峽學術，2002.8），頁 6。
〔註12〕參喜安幸夫著：《日本統治臺灣秘史》（臺北：武陵，1984.1），頁 115。
〔註13〕「三段警備制」係將全島分爲一、二、三級三種地區。一級地區爲抗日分子
　　　　活躍的山地一帶，由軍隊、憲兵負責防備；三級地區爲平原街莊抗日分子紛
　　　　擾不多之地，由警察負責警備；二級地區爲以上兩地區外之中間地帶，由憲
　　　　兵、警察共同防備。
〔註14〕參詹瑋：〈日據初期臺灣北部的抗日活動〉，《臺北文獻》直字 115 期，1996.
　　　　3，頁 51。

段警備制」效果不彰，於明治三十一（1898）年六月全面撤廢，將全島皆劃歸
爲警察行政區；頒布嚴苛的「匪徒刑罰令」；巧妙改良據臺前本已存在的保甲制
度，使地方人民成爲日人的耳目，保甲中的壯丁團則成爲討伐抗日者的輔助武
力；制定「土匪招降策」，以優厚的條件誘使抗日分子解除武裝，自首者不但免
其罪責，還保障他的社會身分，給予經濟上的權益。以名位與錢財來籠絡抗日
分子，此政策實有成功案例，但亦因殖民當局與抗日分子彼此間不信任，與殖
民當局缺乏誠意，導致受降的抗日分子有再復叛者。這些復叛者往往很快就被
總督府平定，因爲在招降過程中，總督府「藉口替他們謀取歸順後的生計，要
他們提出抗日者的名單，以刺探抗日的內情。同時又行保甲制度，取連坐法，
將抗日者與平民分離。抗日者歸順後一旦復叛，因內情已爲日軍詳知，很快就
被平定，被捕者大多處以死刑。」因此李永熾認爲兒玉、後藤新政中，最惡毒
的莫過於所謂「土匪招降政策」〔註15〕。除上述種種手段，總督府還施行狡詐
的誘殺策，先派遣殖民行政官吏與御用紳士等人勸降抗日分子，待抗日分子接
受其甜言蜜語哄騙後，就擇定同日舉行歸順儀式，而在歸順式場中將這些受招
撫分子悉予殺害〔註16〕。經過這次屠殺，加上對林少貓武力征討成功，至明治
三十五（1902）年，各地游擊抗日勢力可說已被消滅殆盡，前期武裝抗日行動
就在本年告一段落。

　　爲對付抗日分子，臺灣總督府可說無所不用其極。這時期臺灣總督府消
弭抗日勢力的種種作爲，除於歷史文獻有所記載，在歌謠中亦見反映，對抗
日者的降、叛，另提供一種民間觀點，可觀當時佔社會大多數的非知識階層
者的想法。下文分述之。

一、動用憲兵討伐抗日者

　　兒玉源太郎上任前，殖民當局主要動用軍隊與憲兵鎮壓、討伐抗日分子，
這種政策，遂產生下列這首歌謠：

〔註15〕參李永熾著：《歷史的覺音》（臺北：遠景，1984.12），頁87。
〔註16〕「（明治三十五（1902）年）五月廿五日，在林圯埔、斗六、崁頭厝、西螺、
　　　　他里霧、內頭厝等處，舉行所謂歸順式，日軍預先在各會場埋伏機關槍隊。
　　　　及至舉行歸順典禮時，日本官員代表致詞畢，即退出場外，日軍隨後即由四
　　　　面以機槍開始掃射，每會場各有抗日志士數百名，皆於無抵抗中，飲恨被戮。」
　　　　井出季和太著，郭輝編譯：《日據下之臺政》（臺北：海峽學術，2003.11），頁
　　　　307。

　　憲兵出門戴紅帽，肩頭負銃手舉刀；

　　若有歹人即來報，銀票澤山免驚無。〔註17〕

明治二十八（1895）年六月六日，樺山資紀於基隆登陸，當時作爲總督府所屬隨總督渡臺的憲兵有二百八十名，此乃臺灣設置憲兵之濫觴。明治二十九（1896）年五月制定臺灣憲兵隊條例，當中規定憲兵執行總督府管下之軍事警察、行政警察及司法警察之事務，這一時期，憲兵專門從事抗日分子的搜索逮捕，搜索抗日分子幾爲憲兵專務。之後進入三段警備制時代，當時憲兵在有關普通行政事務方面僅止於暫時輔助警察力所不及之處，其專職還是在盡力掃蕩抗日分子〔註18〕。在兒玉源太郎上任前，臺灣總督府一直是以軍隊爲主力來鎮壓抗日者，但自兒玉上任後，即改以軍隊爲後援、警察爲中心，鎮壓與招降的兩面手法來對付反抗者〔註19〕。是以歌謠反映的應是兒玉上任前，動用憲兵討伐抗日分子的情形。

　　歌謠一、二句描述憲兵的裝束，由「肩頭負銃手舉刀」可見當時憲兵武裝的情形，憲兵所以武裝，想當然爾是爲要鎮壓抗日分子。三、四句則可觀臺灣總督府爲消弭抗日勢力所採行的利誘手段。後藤新平曾說臺灣人有三大特點，即：愛錢、愛面子與怕死，歌謠中顯現的就是殖民當局利用臺灣人愛錢的特點，以銀彈攻勢利誘臺灣人檢舉「歹人」，也就是抗日分子的情況。

　　這首歌謠頗富宣傳性，故有人認爲此是爲政者特地製出來，假託民歌，在民眾之間傳唱，爲要宣傳其意圖〔註20〕；另有人亦認爲是「日本人藉著漢賊文人之手，製作許多假造之臺灣民謠來腐蝕人心，卻厚顏地說是『土人之念歌』。」〔註21〕但其實倒不必非做如此解讀，如王育德就認爲這首歌謠是以幽默的口吻諷刺施行憲兵政治的情形〔註22〕。若從民眾的思想情感來探討本首歌謠的眞僞，當時臺灣人，不能說全然具有抗日意識，在第二章論及乙未

〔註17〕灣太郎：〈土人の念歌〉，《臺灣慣習記事》第二卷第九號，1902.9，頁76。澤山：日語"たくさん"，許多之意。

〔註18〕參臺灣憲兵隊編著，王洛林總監譯：《台灣憲兵隊史》（臺北：海峽學術，2001.6），頁23、31～34。

〔註19〕參許世楷著，李明峻、賴郁君譯：《日本統治下的台灣》（臺北：玉山社，2006.1），頁34。

〔註20〕禮謙：〈朱一貴亂歌與日據初時民歌〉，《臺北文物》10卷1期，1961.3，頁42。

〔註21〕臧汀生：《臺灣閩南語歌謠研究》（臺北：臺灣商務，1980.5），頁36。

〔註22〕王育德著，黃國彥譯：《台灣：苦悶的歷史》（臺北：草根，1999.4），頁119。

變局時，就可窺知民眾的這種傾向；再就殖民政策來看，在明治二十九（1896）
年十月六日內訓第一四號中附有「捕獲土匪者行賞規定」〔註23〕，可見利誘
一般民眾檢舉抗日分子，乃既定政策。所以，這首歌謠不妨單純視作臺灣人
對當日憲兵政治與利誘政策的反映。

二、兒玉源太郎的鎮撫並行策

　　兒玉係採鎮壓、招降並行之手段來對付抗日分子。就招降政策來看，的
確打動某些抗日者，而接受總督府所提出的優厚利益，解除武裝。只是有些
歸降者，往往降後復叛，因為歸降者的不同抉擇，之後就有了迥然相異的命
運。不再萌生復叛之心，甚至成為殖民當局協力者的抗日分子，在日人給予
的富貴中終老；降後復叛者，則往往落得失去性命的下場，後藤新平在林火
旺等人的歸順式中曾明確表示抗日分子「萬一再犯，悔悟莫及。」〔註24〕已
警告這些歸降者若有貳心，殖民政府將不寬貸。這兩種歸順者類型，可分別
以陳秋菊、簡大獅為代表，有歌謠以敘其事。

（一）陳秋菊

　　陳秋菊，深坑旺耽庄人。因為承繼家業的經濟實力、墾戶身分積累的地
方實力、經辦團練事務得到賞識、參與清法戰爭獲得軍功，再加上擔任深坑
街庄總理厚植政治勢力，遂於地方勢力中崛起〔註25〕。

　　乙未年六月，陳秋菊接受臺北縣知事田中綱常的任命，擔任深坑地方事
務取扱。在六月十三日，深坑居民許喜的抗日行動中，陳秋菊還協助官方，
日軍在他帶領下，捉到許喜，將其處死。此外，陳秋菊還協助日軍攻打土匪
高蘭。只是之後，陳秋菊卻因與地方保良局長黃祖濤有嫌隙，被羅織罪名，
捉拿入獄，雖證據不足而被釋放，但因在獄中曾被棍棒痛打凌辱，故出獄後
心中常懷鬱悶。同年八月，陳又與村人高添和發生衝突，對方設詞陷害，造
成日軍討伐，家業燒為灰燼，陳遂決意抗日〔註26〕。

〔註23〕陳得文、吳家憲主編：《臺灣北部前期抗日運動檔案》（臺中：臺灣省文獻委
　　　　員會，1979.12），頁465。
〔註24〕求適齋主人：〈臺灣北部土匪投降顛末〉，《臺灣風物》第8卷7、8期合刊，
　　　　1959.6，頁8。
〔註25〕參林惠娟、孫瑞琴：〈白馬將軍陳秋菊評傳（一）～先世及其崛起〉，《東南學
　　　　報》27期，2004.12，頁377～381。
〔註26〕參詹瑋：〈白馬將軍陳秋菊的崛起與抗日〉《臺北文獻》直字155期，2006.3，

從這段經歷來看，陳秋菊起初並未存有抗日之心，之後所以抗日，並非民族意識的興發，而是日本不合理的統治所導致的，頗有「逼上梁山」的意味。也因此，陳秋菊雖曾參與過幾次大規模的抗日行動，但在明治二十九（1896）年元旦起義時，他在獲悉各方情報，知克復臺北城之計劃終必歸於泡影後，便未與日軍接觸，撤回山中，有人因此譏之曰：「此所謂知難而退也。」〔註27〕可見他並未具備堅決的抗日意志。因此他在明治三十（1897）年六月底，寫信給憲兵隊雇員仇聯青，告以歸順之意，且請他代轉政府告知〔註28〕。

明治三十一（1898）年六月，陳秋菊部下鄭文流與深坑警察署長谷信敬展開談判事宜，八月十日和議成。歸降後，日方許其製造樟腦的權利，不到兩三年，陳秋菊已蓄資購置良田千餘石而成為富豪。陳秋菊對於地方公益事業，雖鮮首倡，然如需協助，從未落於人後，凡開辦學校或修建道路、橋樑等，則不惜捐贈鉅款。大正十一（1922）年八月，陳秋菊壽終正寢，日報均多褒辭，稱為白馬將軍，因彼抗日當時，喜乘白馬也〔註29〕。

據陳慧玲研究，陳秋菊抗日主要是因被誣告的屈辱、頭人地位、權力的被剝奪、家產的毀損、經濟的困窘無援，因此只要滿足其需要，回復其地位及損失，即可收服其心〔註30〕。陳秋菊即前文所言的第三類型可施以招降而成為良民的「土匪」。所以在總督府滿足他這些需要後，他自然沒有復叛的必要。妥協、歸降的行徑，在富抗日意識者心中的評價應是不高的，但因陳秋菊享有樟腦權利而得均霑利益的腦丁，卻有不同的看法。

下列三首歌謠反映腦丁如何看待陳秋菊歸降事及描寫其事業上的發達：

　臺灣賢人陳總理
　說到和番許當時
　日本總督伊也肯
　隨時打電過番平

　　頁 129～130。
〔註27〕臺灣省文獻委員會主編，林熊祥主修，黃旺成纂修：《台灣省通志稿‧革命志抗日篇》（臺北：海峽學術，2002.4），頁 34。
〔註28〕參臺灣憲兵隊編著，王洛林總監譯：《台灣憲兵隊史》，頁 118。
〔註29〕參黃潘萬：〈陳秋菊抗日事蹟採訪記〉，《臺灣文獻》10 卷 4 期，1959.12，頁57、58、60、61。
〔註30〕陳慧玲：〈反抗、妥協與認同——以日據初期陳秋菊的抗日與歸順為例〉，《東南學報》27 期，2004.12，頁 365。

　　　　請看國王回書信

　　　　阿老這人有才情

　　　　總督國王都歡喜

　　　　南平一時寫呼伊

　　　　兄弟和番真正妙

　　　　二來下本整腦寮

　　　　收除山賊卻然了

　　　　安局收兵第一條〔註31〕

這三首歌謠乃陳秋菊煮腦楓仔林，其腦丁於工作餘暇，互相編詠者〔註 32〕。
雖然歌謠為陳秋菊僱用的腦丁所編，立場難免有所偏頗，但從歌謠中表現的
對陳秋菊的尊崇，即知抗日意識、民族氣節，並非是一般民眾所關注者，所
以他們的「衣食父母」陳秋菊雖然歸順殖民政府，但在他們心中，還是享有
崇高的地位。

　　歌謠第一首說陳秋菊同意歸降，總督亦願意與之和談的情形。陳秋菊歸
降，在腦丁心中並非失節事，他們反視陳為「賢人」，因為他們靠著陳秋菊的
樟腦事業得以溫飽，自然對他有如此美稱。且歌謠所呈現的，並非是陳秋菊
「歸降」的事實，反倒是他願意降下身段「和番」，陳秋菊向殖民者求和的行
為，竟被置換成願意與日人講和的寬大態度，這當然是要塑造陳秋菊完美的
人格形象。歌謠中明顯表現腦丁對陳秋菊的尊崇。

　　第二首是描寫和談成局後，殖民當局對陳秋菊的優厚。起首一、二句稱
頌陳秋菊，以日本天皇誇讚陳秋菊有才情，示其非等閒之輩。三、四句則寫
陳秋菊歸降，使總督與天皇心喜，遂將臺灣賜予他。這當然是誇張之詞，但
也可知，陳秋菊歸降後，確是由統治者處獲得某些利益。

　　第三首則敘述陳秋菊歸降後享有樟腦權利，及收服山賊一事。第一句「兄
弟和番真正妙」，肯定了陳秋菊的歸降決定。第二句經營樟腦事業，此乃總督
府下放予他做為籠絡手段的權利。三、四句所述之事，似為陳秋菊歸降後與
盧錦春、李養之間所發生的衝突。明治三十一（1898）年八月十五日盧錦春、

〔註31〕黃潘萬：〈陳秋菊抗日事蹟採訪記〉，《臺灣文獻》10 卷 4 期，1959.12，頁 60
　　　　～61。番平：指日本；國王：指日本天皇；阿老：褒獎；南平：南方，指臺
　　　　灣；下本：經營。
〔註32〕同前註，頁 60。

李養掠文山堡大粗坑，翌日又侵九芎林，致文山堡福德坑、洪頭莊一帶人民入夜避難山中，而懇陳秋菊保護，遂釀成兩方多次衝突，最後在石碇鄉長與深坑街長等人斡旋下，雙方才和解〔註33〕。此事最終並非靠陳秋菊以武力解決，「收除山賊」雖誇張其功績，但應在突顯陳秋菊保護人民的功勞，及在局勢安定後，能迅速罷兵，以免惹來更多災禍，徒使人民受害。

　　由這三首歌謠，可見兒玉任內採行的招降政策，也可觀察此政策確有其成功處，因為他掌握人類最基本的需求〔註34〕，以此著力，某些抗日分子的確因為生活趨於安定，不復起反叛之心。又可堪注意的是歌謠中所呈現的對陳秋菊的佳評，因為一般民眾最在意者乃在溫飽、安全事，陳秋菊歸降殖民政府於節操有損否，根本不是腦丁所關注之事，反而因為陳秋菊滿足了他們生活上的基本需求，又能夠保護人民，而得到他們的敬重。

（二）簡大獅

　　與陳秋菊相反的為簡大獅。簡大獅本名簡忠浩，生於淡水，因能舉起宗祠門口兩隻石獅子繞行宗祠一周，眾人稱他力大過獅，於是易名為「簡大獅」。他以芝蘭（草山）為根據地，屢屢騷擾臺北附近。後接受總督府通譯官谷信近的勸誘，於明治三十一（1898）年九月十日在芝山巖上國語學校前廣場舉行歸順典禮。降後，後藤新平提供簡大獅等三萬圓資金，讓他們開鑿從士林經過菁磐而至金包里的道路，此不但可藉築路工事將抗日勢力化整為零，而且若歸降者復叛，便捷的交通有利迅速壓制抗日勢力，這不愧總督府的一計高招。

　　日本政府對簡大獅歸降，始終抱持懷疑態度，認為簡大獅仍在暗中收取保庄金，派人四處購置武器，與各地抗日軍仍暗通款曲，有利用假投降，賺取俸給金，以培養戰鬥力，籌謀再起抗日的打算。後日軍大舉進攻簡大獅，

〔註33〕黃潘萬：〈陳秋菊抗日事蹟採訪記〉，《臺灣文獻》10 卷 4 期，1959.12，頁58。

〔註34〕此可以馬斯洛的「需求層次論」來作解釋，按馬斯洛的需求層次論，人類的多種需求，可按其性質由低而高分為七個層次，分別為：生理需求、安全需求、隸屬與愛的需求、自尊需求、知的需求、美的需求、自我實現需求。各需求間不但有高低之分，且有前後的順序之別，只有低層需求獲得滿足之後，高一層的需求才會產生。總督府的招降政策能切中抗日分子的心理，滿足他們最低也是最基本的需求：生理需求（指延續生存及種族的需求，如求食、求飲、睡眠、性慾等屬之。），自然能夠收效。參張春興：《教育心理學──三化取向的理論與實踐──》（臺北：臺灣東華，1995.3），頁 303～304。

簡大獅率部抵抗，在右足受傷的情形下脫出重圍，退入山中，後由滬尾內渡
福建廈門。明治三十三（1900）年一月簡大獅於廈門被捕，逮捕後清吏將他
交給日本當局，簡大獅被押解回臺，翌年春天在臺北監獄受絞刑而死〔註35〕。
　　至於簡大獅因何抗日？這由他在接受廈門廳審訊時的供狀或可推知：

> 日人無禮，屢次至某家尋釁，且被姦淫妻女，我妻死之，我妹死之，
> 我嫂與母死之，一家十餘口，僅存子姪數人，又被殺死。因念此仇
> 不共戴天，曾聚眾萬餘，以與日人爲難。〔註36〕

乙未年間日軍侵臺時，曾邀簡大獅帶路，但被他拒絕，於是日人就趁簡大獅
外出時，姦殺他母親及妹嫂，並殺盡簡家十餘口〔註37〕。所以，簡大獅抗
日，乃因日軍屠殺其家人所致。這與陳秋菊的抗日動機全然不同：一是爲報
家人血海深仇，一是爲抗議既有權力被剝奪。由此激發的抗日意志也就有強
弱之別，這適可解釋何以兩者都有歸降之舉，但簡大獅終究降而復叛。柯惠
珠認爲「日方之綏撫，固爲武力討伐不及時之應變手段，抗日領袖之歸順，
亦爲一暫時性的權宜措施，雙方既存的仇恨，並未因所謂歸順一事而冰消。」
〔註38〕此適足說明簡大獅歸降時的想法。
　　關於簡大獅抗日事，有〈士林土匪仔歌〉一首敘之：

土匪南旁來起置　　過來北山招兄弟
食酒結拜來講起　　不可梟心及背義
自掠慮野作大哥　　世事給伊去伐落
土匪亦敢刣打操　　臺灣占返有功勞
土匪出門背刀銃　　頭兄背印押號令
招伊和庄若不肯　　掠來狹吊及欺凌
土匪要做眞兇死　　較講也是愛人錢
有錢來講放汝去　　無錢來講再凌治

〔註35〕有關簡大獅事蹟係參王育德著，黃國彥譯：《台灣：苦悶的歷史》，頁 122～
　　　　123；郭弘斌著：《偉大的台灣人：日據時期臺灣史記》（臺北：台灣文藝復
　　　　興協會，2005.4），頁 79、99、100；陳得文、吳家憲編譯：《臺灣北部前期
　　　　抗日運動檔案》，頁 585～586；簡笙簧：〈簡大獅傳〉，《臺灣文獻》48 卷 3
　　　　期，1997.9，頁 126。
〔註36〕陳漢光：〈簡大獅文獻四則〉，《臺北文物》8 卷 3 期，1959.10，頁 34。
〔註37〕安然著：《台灣民眾抗日史》（臺北：海峽學術，2005.9），頁 81。
〔註38〕柯惠珠：《日據初期台灣地區武裝抗日運動之研究（1894～1915）》（高雄：前
　　　　程，1987.4），頁 144。

講到作頭人歡喜　　掠來刣頭浸血池
大獅管兵做頭兄　　出來北山眞出名
日本探聽及探影　　即時點兵來輸贏
日本相刣陣陣輸　　不時給番結死對
打死番仔坐六牛　　總督自提李國代
招汝北山和大獅　　錢銀外多由汝愛
不可兩旁來相刣　　國代坐轎到雙溪
借問大獅何一個　　招汝來和敢著好
不可兩旁來冤家　　招我來和我歡喜
愛汝淡泊的銀錢　　下日擔銀與汝呼
錢銀給汝去造路　　講實不是打嘴鼓
不可路頭無招呼　　大獅心内想好好
兄弟造路有人無　　減彩日後若失錯
建置江山無功勞　　兄弟造路免認眞
較講也是愛汝銀　　返來守營大要緊
只驚日本先反面　　日本反面也不知
天光點兵觀看覓　　看到五番四面來
日本號齊掠大獅　　大獅銃藥扛上山
扛到山頭著發火　　大獅看著頭就低
臺灣不是土匪的　　兄弟相招亦著退
十月廿八濛煙雨　　日本站在草山埔
土匪相刣擂戰鼓　　飢餓失頓無疑誤
十月廿八著晏晏　　日本交戰七股山
兩旁銃子暴暴彈　　打入查某透心肝
通街大小走四散　　走入山頭去藏山
要食渚粥三頓攜　　若有親族走來看
即時消瘦變人干　　衫褲沃溶白白踊
尋無渚粥可食燒　　這糟煩惱攏無笑
不比往時彼鵑踊　　憑糞歪庄打橫閂
打死日本哭媽媽　　日本退到聖公媽

土匪號齊與伊刣　日本的銃是馬貢

打死土匪著滅亡〔註39〕

這首歌謠，為簡大獅部屬何先受傷當時，逃竄在山谷中，無聊所作的，後來傳遍了草山一帶〔註40〕。歌謠以土匪稱抗日分子，這反映「土匪」為當時對抗日者的慣稱。這首歌謠可說是何先對自己抗日經過的一番回顧，從中可了解簡大獅這些抗日分子的行徑。

〈士林土匪仔歌〉為簡大獅部屬所作，前文有關陳秋菊的歌謠為其樟腦事業中的腦丁所作，歌謠都出自與這兩人有關係之人，但與前面對陳秋菊誇張的稱頌態度不同，〈士林土匪仔歌〉為呈現簡大獅抗日經過。歌謠首先敘述簡大獅這群抗日分子結拜起義，從「不可梟心及背義」，可見這些抗日分子乃以義相結交。若就自己身為抗日的一分子來評斷自我的功績，「臺灣占返有功勞」表示對自我抗日行動的肯定。抗日之初，百姓本於臺灣被侵略的同仇敵愾之心，對抗日者往往競相簞食壺漿以迎，但經過一段時日後，見殖民者非抗日分子能敵，對抗日分子的資助就日漸冷淡。這些抗日分子在欠缺資費時，經常以劫掠、綁票等手段來換取金錢，歌謠中也描寫這種情形：若是百姓不肯與抗日分子聯合，即被捉去凌虐，得到贖款，人質才可平安離開，無贖金償付，人質就會被持續虐凌。金山鄉耆老李德修就認為，說簡大獅是抗日英雄是錯誤的，他應是大土匪頭才對，因為當他曾祖父剛搬到金山，買了五甲多地要墾殖時，就遭簡大獅連續行搶多日，還將其祖母抓去逼供，想逼出財產藏匿的地點，結果將祖母的手臂都弄斷了〔註41〕。以此情形來看，亦有抗日分子為惡，故不能因為抗日分子的抗日行徑，就將其所為之惡行一筆抹去。

歌謠接著描述日軍與簡大獅對陣，由於抗日分子頑強，所以總督府行招撫之舉。歌謠中的「錢銀給汝去造路」，可見總督府提供金錢與造路工程讓簡大獅及其部屬有事可作，以免反抗心再度滋生。而「兄弟造路免認眞，較講

〔註39〕吳萬水：〈士林土匪仔歌〉，《臺灣風物》4卷5期，1954.5，頁55～56；何連福口述。慮野：應係「盧野」之誤；減彩：或抑；號齊：一齊；沃湆：淋溼；白白踊：不勝寒狀；鵤踊：好風光；橫閘：不分東西南北；馬貢：野炮。以上註解大部分參周榮杰：〈台灣歌謠的產生背景（一）〉，《民俗曲藝》64期，1990.3，頁32。

〔註40〕吳萬水：〈士林土匪仔歌〉，《臺灣風物》4卷5期，1954.5，頁55。

〔註41〕臺灣省文獻委員會採集組主編：《臺北縣鄉土史料》（南投：省文獻會，1997.7），頁1032。

也是愛汝銀」，則見簡大獅並未眞心歸順，且對殖民政府尚存戒心，才有「返
來守營大要緊，只驚日本先反面」之言。所以並非歸順儀式完成，殖民當局
與抗日分子即能互相信任，這在歌謠中清楚地表現出來。

　　歌謠最後描寫簡大獅與日軍對峙、激烈交戰的情況，抗日分子面對日軍
猛烈攻勢，逃遁山中，淒慘落魄。「臺灣不是土匪的，兄弟相招亦著退」，表
示抗日勢力衰微，已成強弩之末；最後「日本的銃是馬貢，打死土匪著滅亡」
的結語，表明日方已將這群反抗勢力消滅殆盡。

　　總而言之，〈士林土匪仔歌〉描述抗日分子反抗、歸順、復叛、被殲滅的
經過，呈現臺灣總督府對付抗日分子採行的手段，於抗日武裝團體傷害一般
民眾的行爲亦有所揭露。歸降後的陳秋菊享有榮華富貴，與降而復叛的簡大
獅的被絞死境遇，成一明顯對比。上文所引歌謠，恰可一窺總督府對待歸順
者與反叛者的兩種不同手段。

三、民眾於抗日者被剿滅的看法

　　明治三十五（1902）年，臺灣總督府平定了前期武裝抗日行動。對於抗
日分子被剿滅，民眾是痛惜還是欣喜，由收錄於《臺灣慣習記事》中的一首
歌謠，或可見出部分民眾的想法：

　　　　內山土匪眞正橫，總督來後就太平；

　　　　大家安穩免驚賊，誰人不感這恩情。〔註42〕

這首歌謠乍看之下，似有宣揚總督府治績意，所以如同〈憲兵出門戴紅帽〉
這首，有學者將其視爲假造的歌謠〔註43〕。眞正的土匪本來就有劫掠行爲，
自不用論，可是抗日分子在無法自營生計、欠缺資費的情況下，也出現劫掠
行徑。他們起先多以軍隊、警察宿舍的眷屬，負責處理地方事務而協助日本
當局的臺灣人爲掠奪對象，然而，隨著情況逐漸轉爲不利，抗日分子先襲擊
出張所，殺害警官後，再上市街劫掠等強盜行爲也隨之增加〔註44〕。另外尚
有向一般良民強索錢銀、綁票等情事發生。這均危及了一般民眾性命、財產

〔註42〕　〈民心動向の變化〉，《臺灣慣習記事》第四卷第十一號，1904.11，頁82。
〔註43〕　王順隆即認爲這是日方人士極力提倡，利用臺灣歌謠填入新詞，以配合臺灣
　　　　總督府的治臺作品。王順隆：〈談臺閩「歌仔冊」的出版概況〉，《臺灣風物》
　　　　43卷3期，1993.9，頁125。
〔註44〕　許世楷著，李明峻、賴郁君譯：《日本統治下的台灣》，頁140。

的安全。簡大獅部有這種不義之行，陳秋菊部亦出現此類行徑〔註45〕。

　　雖然一般學者在回顧這段武裝抗日史時，多以正面的稱呼來稱這些抗日者，據張崑將研究，這些正面的稱呼，計有「抗日義勇軍」、「抗日志士」、「革命軍」、「台灣民軍」、「台灣義民軍」、「抗日義民軍」、「自衛抗日組織」、「義勇軍」等等〔註46〕，其中多以「義」字指稱這些抗日者反抗行為的正當性。但其實許多抗日分子在投降前後，早已喪失追求政治目標的意志，而之所以繼續維持武裝集團，無非是為了抵禦日本當局的討伐，以保護自身的安全，同時這也是一種謀生手段，即在各個勢力範圍內徵收所謂的保庄金，而保證不侵害這座村莊，並助其抵禦外來的侵害〔註47〕。再觀等而下之的掠殺行為，某些抗日分子的行徑與日本統治者實有何異？

　　從討伐簡大獅時的民情視察結果來看，即能發現一般民眾對他的厭惡傾向，而對總督府討伐其則有欣喜之意：

　　　一、此回實施討伐一事，對於本轄內一般意嚮，經視察結果，簡大
　　　獅因曾有屢次對良民強索金穀之非法行為，故一般民眾對彼等已大
　　　有惡感，且傳說遲早難免受討伐，因此對此回斷然實行討伐事，均
　　　頗表歡喜，耳語從此能判然良匪之區別。茲據上述狀況，可知民心
　　　已頗平穩，均安堵其矣。〔註48〕

對只求平安度日的良民而言，總督府收服這些「土匪」，使他們生命財產獲得最基本的保障，滿足他們對安全的需求〔註49〕，以免在猝然間成為「土匪」下手的目標，確是德政一樁。所以本首歌謠未必不是部分民心的反映。日本治臺之初，由於肆行殺戮，使得許多民眾倒向抗日軍，但之後日方發覺這種無差別屠殺政策的失當，已經有所調整，要軍隊在進行討伐之際謹慎戒飭，不得有玉

〔註45〕 如陳秋菊部下「初以借貸維持，繼則鄉票為生，終則對於貧者如遇所需，亦
　　　　皆強索以去，違者必受其虧。」又鄉中某老言「其姑母養一豚於林內，偶被
　　　　秋菊部下發見，細豚將走，哀求捨免，即開槍擊斃其姑，越晨，其姑父背歸
　　　　埋葬，血染滿衣。」黃潘萬：〈陳秋菊抗日事蹟採訪記〉，《臺灣文獻》10卷4
　　　　期，1959.12，頁56。
〔註46〕 參張崑將：〈清末及日據初期台灣地方武裝團體性質的演變〉，收錄於洪宜勇
　　　　主編：《台灣殖民地史學術研討會論文集》，頁251。
〔註47〕 許世楷著，李明峻、賴郁君譯：《日本統治下的台灣》，頁170。
〔註48〕 陳得文、吳家憲編譯：《臺灣北部前期抗日運動檔案》，頁112。
〔註49〕 此為前文所提及的馬斯洛「需求層次論」的第二種基本需求：安全需求（指
　　　　希求保護與免於威脅從而獲得安全感的需求）。參張春興：《教育心理學──
　　　　三化取向的理論與實踐──》，頁303。

石混淆之舉〔註50〕。由歌謠與歷史文獻，可以發現民意已因統治者政策轉變，與抗日分子的劫掠行為，而漸傾斜向統治者一方。抗日分子破壞一般民眾生活安定，自然無法得到民眾認同。

歌謠從民間觀點，來看待總督府剿滅「土匪」事。若說所有抗日分子都被視作傳統意義的土匪，這當然是不正確的，但可以觀察出某些抗日勢力在變質後，民眾對其所懷抱的厭惡感，所以對總督府將其平定，自然生出感激意。故非所有抗日勢力都該稱之為「義」，因為當他們大行劫掠、傷害良民的不義之舉時，本身早已沒有義存在了。據此，對日據初期武裝抗日分子或有再評價的必要性，不能因為他們揭舉抗日大旗，遂忽略了其中某部分人所為之惡行。

第二節　保甲制度

臺灣實施保甲由來已久。清代在臺實施保甲制度，始自康熙六十（1721）年朱一貴抗清之後，當時臺灣移民社會十分不穩，民心惶惶未有寧日，雍正五（1727）年，知府藍鼎元奏請在臺實施保甲之制，於雍正十一（1733）年准予施行，一直沿行至臺灣割讓給日本為止〔註51〕。日治時期之保甲制度則源於明治二十九（1896）年中部抗日分子的反抗行動，當日為安撫民情而至嘉義雲林地方的內務部長古莊嘉門，知悉臺灣曾有所謂的聯庄保甲，乃加以復興而逐步實施於全島，但各縣廳的實施並不順利。能有效運用者，乃第四任總督兒玉源太郎，之後保甲制度遂成為推行保安工作與控制臺灣人民的有效與便利的方法。規定此制度的「保甲條例」於明治三十一（1898）年頒布，唯自明治三十七（1904）年一月，總督府發出「有關保甲編制注意事項」後，臺灣才有全島統一的保甲制度，並有組織地推動保甲活動〔註52〕。

保甲處於警察的指揮監督下，是一種警察輔助組織。其編制以十戶為一甲，十甲為一保，甲設甲長，保設保正，保甲中設有壯丁團，保內經費概由保甲民負擔。保甲中的保甲民彼此之間負有連帶責任。因為行連坐法，居民惟恐

〔註50〕程大學編譯：《臺灣前期武裝抗日運動有關檔案》（臺中：臺灣文獻委員會，1977.5），頁180。

〔註51〕程大學、許錫專編譯：《日據初期之鴉片政策（附錄保甲制度）第二冊》（臺中：臺灣省文獻委員會，1978.12），頁215～216。

〔註52〕洪秋芬：〈日據初期臺灣的保甲制度（1895~1903）〉，《中央研究院近代史研究所集刊》21期，1992.6，頁468。

受累，便會互相監視，如此若有任何反抗之舉，其他居民便會先行告發。大正元（1912）年「土庫事件」即為區長張兵、甲長張龍與保正之子張谷水深恐此事遺禍鄉里的心理而密告的〔註53〕。以保甲制度配合嚴密的警察政治，這在箝制與控制臺灣人上有事半功倍之效。另外，保甲民必須負擔免費的勞役。所以保甲制度的施行，對臺灣人身心皆造成負擔，但總督府僅須耗費極小的成本，就能獲取莫大的利益。更甚者，被納入保甲制度的臺灣人根本成為日人私人所驅使的奴僕，如《臺灣民報》第二百十九號就刊載：

> 岡山郡左營庄，自領臺以來迄今，該地左營派出所，對該管內的保甲民，有強徵一種甚麼「顧衙門」之勞役。據說這「顧衙門」的意思，向來該地派出所的警吏，命管內保甲民輪流一日四名，到派出所効勞，有的買菜、挑水、有個（案：應為「的」之誤）洗浴桶、掃便所、有的甚至被為女婢使用。如燒飯、洗濯衣裳等〞，也要這些人們去給他做。〔註54〕

冠冕堂皇地說是「顧衙門」，究其實這些警吏根本就把臺灣人當做僕役來使喚，可見殖民者是如何挾其統治權充分地利用保甲制度來剝削臺灣人。

關於此種約束與剝削臺灣人的保甲制度，臺灣民眾黨曾要求將之廢除；另於昭和十（1935）年一月，有臺中州彰化街長楊吉臣等十人聯名，對日本第四十四屆議會，提出「保甲制度撤廢建議書」〔註55〕。但在日治末的戰爭時期，日本殖民當局反而藉由組織州聯合保甲壯丁團、聯合保甲協會和修改保甲規約等措施來強化保甲組織和加強殖民當局對保甲的控制，這時殖民當局官員、警察對保甲的控制比以往要來得更加直接了〔註56〕。昭和二十（1945）年六月十七日，保甲制度終告廢止，但其實不過是把徒具空名的保甲制度取消，其實際功能卻還保留在不同的組織當中〔註57〕。

有歌謠即反映保甲制度：或談保甲的動員情形；或描寫保甲的靈魂人物

〔註53〕 臺灣省文獻委員會主編，林熊祥主修，黃旺成纂修：《台灣省通志稿革命志抗日篇》，頁87。

〔註54〕 〈岡山郡左營派出所強徵顧衙門之勞役　庄民陳情終歸徒勞〉，《臺灣民報》第二百十九號，昭和3（1928）.7.29，四版。

〔註55〕 井出季和太著，郭輝編譯：《日據下之臺政》，頁879。

〔註56〕 參洪秋芬：〈台灣保甲和「生活改善」運動：（1937～1945）〉，《思與言》29卷4期，1991.12，頁138。

〔註57〕 參鄭麗玲：〈日治時期台灣戰時體制下（1937～1945）的保甲制度〉，《臺北文獻》直字116期，1996.6，頁46。

──保正；或抒發對此制度的觀感。以下分項論之。

一、巧用保甲動員

在動員保甲民方面，有一首〈警丁歌〉〔註58〕可以稍觀其情形。這首歌謠敘述日治初期，有宜蘭山地原住民部落發生情緒不穩，日警前往安撫，臺北板橋一青年中籤被迫充當警丁，沿途隨行所見的經過〔註59〕。就刊載在《野台鑼鼓》書中的幾句歌詞，即可知當日利用保甲動員人力的情形：

> 都是頂司有命令，派卜支廳來抽兵，
> 抽入內山打得勝，即卜放咱返家庭。
> 支廳即派乎保正，派卜保正拈國名，
> 第一號頭來拈起，我拈十名亦著行。〔註60〕

這首歌抄錄時間的明治四十（1907）年，正值第五任臺灣總督佐久間左馬太在任。佐久間左馬太向有「理番總督」之稱，從他上任到離職，一直把討伐原住民當作他的志業。歌謠中的「派卜支廳來抽兵，抽入內山打得勝」，即爲在佐久間「理番」政策下動員保甲壯丁的反映。

從大正三（1914）年四月二十二日代理警察本署長以本保第五○七號行文各廳長有關徵召役夫的「臨時保甲規約標準」，可大略知曉當時動員保甲民的情況。當時在保內預先進行抽籤，決定出役順序後，再依照官廳之命令，依序出役。保正須製作出役夫名冊，預先進行抽籤，在名冊上登記出役順序以備，一旦接獲官廳命令之時，就可按照名冊上的順序，依序使之出發。當出發順序決定後，本人因有事或有其他事由而必須延後出發時，則可經由保甲會議議決而變更之。但該人仍須繳納十圓以上五十圓以下之金額，以作爲公積金〔註61〕。歌謠中的「支廳即派乎保正，派卜保正拈國名，第一號頭來拈起，我拈

〔註58〕這本歌冊爲陳健銘所藏，是一本用「文明堂」老式帳簿，以毛筆字書寫的手抄本。〈警丁歌〉在歌冊的前半部份，前半部在佔約參拾柒葉的歌詞後頁，寫有「塔寮坑庄土名新朝嶺庄出歌、明治四十年抄出壹本警丁歌」字樣。陳健銘：《野台鑼鼓》（臺北：稻鄉，1995.1），頁81。

〔註59〕陳健銘：〈從歌仔冊看臺灣早期社會〉，《臺灣文獻》47卷3期，1996.9，頁76。

〔註60〕陳健銘：《野台鑼鼓》，頁81。

〔註61〕王學新：〈大正三年（1914）「討蕃」役夫的徵召情形〉，收錄於臺灣省文獻委員會整理組編輯：《臺灣文獻史料整理研究學術研討會論文集》（南投：省文獻會，2000.11），頁354。

十名亦著行。」即這種動員情形的寫照。爲保有充足人力，統治當局運用保甲規約來進行動員，使臺灣人無法違抗，這讓殖民政府不需耗費多大心力，就能達成目的。被徵調爲役夫，是相當辛苦的，洪棄生〈役夫行〉一詩，就描寫被徵調役夫的苦累，且以「虎苛蛇斂不堪覩」抨擊殖民當局的苛政〔註62〕。但處於保甲規約的箝制下，臺灣人根本動彈不得，只能被動、無奈地接受動員命令。

二、保甲靈魂人物──保正

談到保甲制度，不可不談其中的靈魂人物──保正。保正規定須由選舉產生，唯實際上，大多仍由警察挑選合適的人來擔任。因爲此職在輔翼殖民統治上相當重要，所以上層的警察往往會干預此事。曾任保甲書記的陳金水即表示保正原先是由巡查決定人選後，再通知村民去表決，當時村民無人敢反對，都會通過人選，美其名爲推選，不過後來也變成由官方（轄區派出所推荐，郡役所任命）指派〔註63〕。

保甲制度爲警察的輔助組織，所以能爲臺灣人爭權利的保正，往往不被殖民當局所喜，殖民當局所中意的保正，是能貫徹與協力政策執行者，對不符合他們要求的保正，則經常想辦法使他們無法繼任此職。這在《臺灣（新）民報》上屢有揭露，如第七十號的「不平鳴」欄有：

> 新竹第九保保正李某，爲十數年保正，生平忠厚，親切待人，故每欲改選，依然中選，至今年投票改選，彼仍合格，不知何故招當局之猜忌，不肯認可，重命再選，到投票之日，受持巡查竟出爲干涉，公然阻止投選李某，然而開票之結果，李某又占多數，巡查於是宣告無効，強制保民選舉楊某，保民懼其狐威，遂服從其命，然楊某齡屬七十餘歲之老人，對社會公共事業亦無理解，一般事情亦不通達，當局乃愛之若是，若李某則甚熱心於公共事業之人，爲人所崇敬，反被當局所忌嫌，其裏面之原因，是因李某之樓充爲歡迎講演者之宴會場，及尚有一事，是因彼曾在保甲會議席上，反對水道興工，祝賀費等負擔過重，致受猜疑，但彼之行爲，是本於良心，並非行惡，當局認爲危險

〔註62〕 全詩可參洪棄生：《寄鶴齋選集》（臺北：臺灣銀行，1972.8），頁346～347。
〔註63〕 蔡慧玉：〈保正、保甲書記、街庄役場──口述歷史之二〉，《臺灣風物》44卷2期，1994.6，頁88。

　　人物而至剝奪彼之被選權，可謂酷矣。〔註64〕
由這則報導，可了解殖民當局僅需保正能忠誠地執行其所交派的任務，能為
臺灣人爭權益的保正，反被視為眼中釘。所以這些有良心的保正，每被以卑
劣的方式運作使其不當選。

　　雖然保正身居整個殖民行政體系的最底層，但仍居一般臺灣人之上，擔
任此職，既可享殖民者下放的權益，又有殖民者的權勢可以倚仗，尤其當保
甲業務範圍隨社會發展而增加時，保正的權限亦隨之擴張，使其成為保甲之
權威者〔註65〕。權與利的誘惑，使某些臺灣人對這一職務趨之若鶩。誠如《臺
灣新民報》上所言：

　　　　一般的御用的份子，以為當選為保正，官廳的關係自然會密接起來，

　　　　那末可以傍些權勢可以容易作事。況兼如臺北市的保正，更加有阿片

　　　　小賣的利益可得，因此對於保正的選舉，更加猛烈奔走運動。〔註66〕
下列這首歌謠，即見保正享有的權威：

　　　　鮎鰍無腳講行有路
　　　　𣍐過許變來逮吳湖
　　　　吳湖講是得作甲長
　　　　𣍐過許變伊得想
　　　　卜交就保正合甲長
　　　　若卜見官廳
　　　　十擺的官司九擺贏〔註67〕
由歌謠中「卜交就保正合甲長，若卜見官廳，十擺的官司九擺贏」，正見保正
仗著與上層官廳關係密切，而在地方上擁有一定權勢的情形。

　　好的保正不是沒有，但也有保正仰仗權勢，在鄉里間蠻橫對待本為同胞
的臺灣人，歌謠中對此卑劣行跡有所呈顯：

〔註64〕〈不平鳴〉，《臺灣民報》第七十號，大正14（1925）.9.13，14版。
〔註65〕參江慶林：〈日據時期臺灣之警制——以兒玉源太郎之警政改革為中心〉，收
　　　　錄於劉寧顏主編：《臺灣省文獻委員會慶祝成立四十週年紀念論文專輯》（臺
　　　　中：臺灣省文獻委員會，1988.6），頁45。
〔註66〕〈新案而且猛烈的保甲選舉運動　區區保正尚且如此　難怪被譏笑眼孔細
　　　　微〉，《臺灣新民報》第三百七號，昭和5（1930）.4.5，2版。
〔註67〕胡萬川總編輯：《蘆竹鄉閩南語歌謠〈六〉》（桃園：桃縣文化局，2005.3），頁
　　　　278；講述者：吳陳桂。𣍐：不會；許變：當地人名，不知正確寫法，暫用同
　　　　音字；吳湖：日治時期當地的富人，講述者經常經過他家。

　　自動車，

　　jidosha，

　　火車鉤甘蔗，

　　疳癀貓，掛目鏡。

　　伊老爸做保正，

　　煙筌頭，損劍痛。〔註68〕

「疳癀」指人骯髒噁心，疳癀貓指的是在鄉里間憑藉保正父親勢力橫行霸道的少年，少年因有保正父親當靠山，所以胡作非為，保正也因有殖民者當靠山，同樣是趾高氣昂，隨意拿煙斗去敲別人的頭，但人們都不敢喊痛，惟恐違抗保正，其將會挾權勢進行報復，歌謠中刻畫了保正傲慢無理的嘴臉。歌謠對保正醜態的描畫係其來有自，在當時即有保正作威作福行為的報導：

　　斗六菜公庄保正張某自從明治時代就依父勢力，欺辱庄民，放僻邪侈無惡不作，至今猶是靠著官廳打馬屁得來的威勢，幾番使了庄民受了無限的苦楚，庄民已將忍無可忍了，因為前年幾次恐嚇糖廍火工，暗中扣錢，火工們不願，被他懷恨在心，以致他想要得了一名巡查補的地位，藉以報仇，在職時的罪惡事都不可勝數了，他罷職後運動得十幾甲的官有地，分給農民栽種甘蔗，那時候會社償與少作人的金錢，亦被無理吞併去。不但如此，當庄蔡保正辭任時，他就野心勃勃，強制人民投票，又有野里巡查，替他幫忙開票看時卻是黃某項多，那知命令一到，卻是張某為保正，又野里巡查向庄民恐嚇說你們若不聽張保正之言，我自有權利可使你們到火燒島休涼去，又去年造保甲路時亦依靠勢頭大，偏造自己好行之路，致起人民公憤。唉！真豈有此理，保正連結巡查，保正作惡，巡查成之，那裏沒有無惡不作了，願當局嚴責之，願張某省之。〔註69〕

從歌謠與報導中，恰可見這些倚仗殖民者權勢而胡作非為的保正的可笑又可鄙的嘴臉，也可觀在富歧視性本質的殖民統治下，有多少臺灣人的心靈因此扭曲。

　　歌謠中除對保正的醜惡嘴臉有所呈顯，對這些在臺灣人面前裝大，實只不過為日本統治工具的保正，也做出了無情的嘲諷：

〔註68〕李獻璋：《臺灣民間文學集》（臺北：龍文，1989.2），頁 177。煙筌：煙斗。
　　　　損劍痛：指保正用煙斗敲人，人們不敢喊痛。
〔註69〕〈不平鳴〉，《臺灣民報》第一百廿四號，大正 15（1926）.9.26，13 版。

　　南保正眞難叫，

　　北保正米絞嫌恰小，

　　山仔內保正勢開票，

　　合然保正歪喙人愛笑，

　　五塊寮保正囡仔條，

　　潭內保正開瓦窯，

　　西庄保正無牌照。〔註70〕

面對這些憑藉殖民者權勢裝大的保正，一般臺灣人懾於其威勢，不得不在表面裝出一付恭敬模樣，但其實心中是不齒的。所以歌謠即從各方面對保正加以譏諷：就行為來說，擺出一付高姿態，嫌從民眾處剝削的物資不夠多；就外形來看，不是嘴歪，就是如同孩童般瘦小；就行業而言，則是經營風化業與無照營業。從這些描述，一則知保正素質之低劣，再則也可知曉民眾對劣質保正所抱持的觀感。

　　這番描述，讓人不由得聯想到蔡秋桐〈保正伯〉中對保正形象的描畫：

　　　這保正伯大家叫他做李サン，在未當保正之前，是一個流氓，亭仔
　　腳是他的宿舍，豬砧是他的眠牀，賭博是他的正業，打架是他的消
　　遣，是無惡不作的。像庄中有誰人偷刣一隻豬也是一隻羊，他若不
　　知便罷，不幸被他探知，就隨時走去報告大人，宛然是一個偵探。
　　〔註71〕

李サン卑劣的本性會因為他當上保正而消失嗎？當然不會，除了無惡不作照舊進行外，為要討得大人歡心，偵探的工作恐怕是做得更加起勁呢！這正是某些保正的眞實面目。

　　再看吳希聖的〈豚〉，故事主要呈現日治時期農民處於殖民者重壓下的苦難。經由其中任保正的進財伯這一人物塑造，當能對保正本質有更清楚的認識。故事中進財伯利用其擔任保正的職權，甜言蜜語誘騙主人公阿三的妻子讓其長女阿秀當他的細姨，但他得手膩了之後，卻始亂終棄，使阿秀為家庭

〔註70〕 邱冠福編著：《台灣童謠》（臺南：南縣文化局，1997.12），頁103。囡仔條：
　　　　身形瘦小。蔡秋桐亦講述過這首歌謠，唯詞稍異（請參〈【附錄二】本論文使
　　　　用歌謠異文表〉），按蔡秋桐言，此乃日治時期流傳於雲林元長地方。本社：〈臺
　　　　灣的諺語和民謠（筆談會）〉，《臺灣風物》19卷1、2期，1969.6，頁4。

〔註71〕 蔡秋桐：〈保正伯〉，收錄於楊雲萍、張我軍、蔡秋桐作，張恆豪編：《楊雲萍、
　　　　張我軍、蔡秋桐合集》（臺北：前衛，1992.7），頁172。

生計不得不淪爲賣春婦。進財伯所以能胡作妄爲,憑藉的就是以身爲殖民者走狗所換取的財與勢。對殖民者來說,保正不過是他們爲統治與壓榨臺灣人所設的利用工具,根本不是什麼了不得的職位,但對被奴役的臺灣人來說,保正畢竟是特權階級,如小說中對保正這一職務性質的描述:

> 「保正」雖是微不足道的名譽職,但正因其是名譽職,所以到派出
> 所說話也相當有力。賭博被逮,或打架被拘,只要進財伯一出面,
> 就不會被送進「豚檻」,可保無事釋放。從所謂「山頂保正」這個臺
> 灣特有的「敬語」,就可知其聲勢了。在鄉間,保正實有料想不到的
> 勢力。〔註72〕

雖然保正可因料想不到的勢力橫行鄉里間,但魚肉鄉民的保正,其形象只會落得像歌謠中所形容的那般不堪,是無法贏得民眾眞正的尊敬的。有一則笑話,亦見民眾對保正的嘲訕,笑話是說「一位保正太太搭火車遲到,仍高喊「『阮翁是保正,阮仔是壯丁』,想制止火車開動。」〔註73〕雖然笑話中的主角不是保正,而是保正之妻,但連其妻都能如此狂妄,由此也可想見某些保正其可笑又可憐的自大心理。

三、民衆對保甲制的厭惡感

被納入保甲的臺灣人必須接受保甲規約的約束,自然會流露不滿的心聲:

> 講火車卜駛磅埪內
> 磅埪的水流出來
> 天壽日本哦唉哟來所害
> 家家戶戶才著造街甲牌〔註74〕

街甲牌爲日治時代家家戶戶釘在門上的戶口牌。黃旺成言日治時期日警爲維持治安,設有紅色亞鋁版片之戶口牌,記載各戶之戶口姓名、性別、出生年月日等事項〔註75〕。若街甲牌只是做爲辨識之用,哪會引起民眾怨恨,痛訴日本殘

〔註72〕吳希聖:〈豚〉,錄於張深切等著:《豚》(臺北:遠景,1997.7),頁12。

〔註73〕林曙光:〈趕上日本「大正德模克拉西」尾班車的文藝評論家——劉捷〉,劉捷:《我的懺悔錄》(臺北:九歌,1998.10),頁185。

〔註74〕胡萬川總編輯:《大甲鎮閩南語歌謠(一)》(臺中:中縣文化局,1994.12),頁162;講述者:紀吳愛珠。

〔註75〕黃富三、陳俐甫編:《近現代臺灣口述歷史》(臺北:林本源基金會,1991.7),頁101。另從臺南縣依據保甲條例、保甲條例施行規則及保甲條例施行規程所

害臺灣人呢？可想而知，釘上街甲牌，表示這戶人家已被納入保甲系統中，已被置入受監視的環境裡，必須受到保甲規約的約束。身處權利無法享、義務隨時盡，又要擔心有過錯被處罰的制度中，怨恨殖民當局絲毫不放鬆的管控乃是人之常情。這樣的情緒流露於歌謠中，即憤然罵出「夭壽」之語。可見臺灣人對此制度的不懷好感。但曾於日治時期任職庄役場的張添財卻肯定保甲制度，他認為日本時代的保甲制度有助於治安的維持和民間糾紛的調解，後來又用來輔助行政，從中協助上情下達，制度是不錯的，推行得也不錯〔註76〕。這顯然與歌謠中的觀點有所不同，有可能張添財任職於殖民行政體系，受到之待遇與一般民眾有異，所以才無法深切感受到保甲制度對臺灣人的壓制與剝削吧！

第三節　警察政治

　　鹽見俊二認為，日本當局在臺灣最澈底的一項改革，就在警察制度。日治時期「台灣的警察，不但對於經濟政策，對於任何政策都是首當其衝的『實行者』。這樣強大的『警察國家的體制』是世界上得未嘗有的。」〔註77〕臺灣警察除了執行警察事務，並要輔助其他一般行政事務，地方行政係以警察為中心，幾乎任何事務均有警察介入，造成若不藉警察之力，則任何事均行不通之現象，為「典型的警察政治」〔註78〕。

　　總督府在臺灣布置了一個嚴密的警察網，在日本帝國的所有領土中，以臺灣地區的警察密度最高。就朝鮮和臺灣來比較，在大正十一（1922）年的統計中，臺灣一名警察管理五四七人，朝鮮則是一人管理九一九人〔註79〕。當時在臺灣農村很少看到日本人，唯一的例外是，不管如何偏僻處都能看到警察。對這些農民來說，日本政府就是警察，警察就等於是日本人〔註80〕，可見臺灣警

　　　訂立的保甲規約的第一條「保內各甲戶主均應懸掛門牌、標明戶主、家族、
　　　同居人、傭人等之姓名年齡職業，違者各徵五錢以上一圓五十錢以下之過怠
　　　金。」也可見戶口牌的施設。程大學、許錫專編譯：《日據初期之鴉片政策（附
　　　錄保甲制度）》，頁 256。
〔註76〕蔡慧玉：〈保正、保甲書記、街庄役場——口述歷史之二〉，《臺灣風物》44
　　　卷 2 期，1994.6，頁 109。
〔註77〕鹽見俊二著，周憲文譯：〈日據時代台灣之警察與經濟〉，收錄於王曉波編：
　　　《臺灣的殖民地傷痕新編》，頁 200。
〔註78〕黃秀政、張勝彥、吳文星著：《臺灣史》，頁 181、186。
〔註79〕黃昭堂著，黃英哲譯：《台灣總督府》（臺北：前衛，2002.5），頁 230。
〔註80〕陳逸雄著、林莊生譯：〈台灣新文學運動導論〉，《文學台灣》36 期，2000.10，

察網的嚴密。雖然，大正九（1920）年臺灣地方制度改革，將警察事務與基層行政業務分開，但警察對於民眾的生活控制，卻因增加管理言論、出版、集會、結社等職務反而加強了其權力〔註81〕。另外，為統治上的需要，殖民當局還設有專責警察，俾便在某項特殊事務上總責其事。如昭和三（1928）年，在臺灣人社會政治運動風起雲湧中，組「特別高等警察」祕密警察制度，以嚴控臺灣人的思想活動；昭和十三（1938）年十月，為因應戰時體制，實施經濟警察制度，專門取締經濟違法事件，包括物資統制、貿易統制、監管物價、配給統制等〔註82〕。說臺灣是警察王國，真是一點也沒錯！

因為殖民當局採行嚴密的警察政治，一般人最常接觸到的殖民官員為警察，便產生許多與警察相關的歌謠。從中，可知曉日治時期某些殖民地警察的作為，與他們存留在民眾心目中的印象。

一、警察形象——橫暴、貪婪

因為警察權擴張，警察遂能充分利用手中握有的權力，「右手執刀劍，左手持經典」，以暴力與殖民地的惡法肆其淫威，欺壓與宰制被統治的臺灣人。警察不但在有成文條例的名目下可以處罰老百姓，即由個人好惡，也可以隨便刮臺人耳光或把人帶到派出所，輕則罰跪，重則毆打出氣〔註83〕。所以做為臺灣人唯一喉舌的《臺灣民報》或立論斥責殖民地警察的威暴，或報導警察壓迫臺灣民眾的事實，以揭露殖民地警察統治的本質。前者如〈斥官僚警察的威風〉：

> 日本內地的人士，凡有到臺灣視察過的人們，都是說：臺灣是官僚的天下，又是警察的王國。……臺灣的警察，比之一般的官吏，更是利害的很。因為它有直接取締民眾的關係，況兼有法外法的保甲制度，在助紂為逆。〔註84〕

頁 52。

〔註81〕許介麟：〈日據時期統治政策〉，李國祁總纂：《臺灣近代史政治篇》（南投：省文獻會，1995.6），頁 289。

〔註82〕參洪麗完等主編：《臺灣史》（臺北：五南，2006.4），頁 183。

〔註83〕葉榮鐘：〈日據時代臺灣的日本警察〉，氏著：《小屋大車集》（臺中：中央，1967.3），頁 172。

〔註84〕C 生：〈斥官僚警察的威風〉，《臺灣民報》第一百六十號，昭和 2（1927）.6.5，12 版。

再如〈對警察的不法行爲要嚴重究辨了〉：

> 在臺灣的警察吏員中，日本人吏員則視臺灣人爲低級的民族，以征
> 服者臨被征服者的態度對待人民，故其亂暴無禮，實在無話可以形
> 容。而一方面在臺灣人吏員呢，他們也不過是一般的無意識無自覺
> 的居多，不但奴性根深，而且眼孔細微，不知職權之低級，而敢做
> 狐藉虎威，凌辱自家的同胞，使一般的人民一見警察，如遇豺狼一
> 樣，爲保護人民的警察的美名，不知道被這般素質不純的俗吏，何
> 等污辱了？〔註85〕

報導中對警察制度的缺失與警察帶歧視性的粗暴作爲多所抨擊。至於警察壓
迫臺灣民眾的報導，更是不勝枚舉。不管是從警察制度或從警吏素質來檢討，
其實造成警察橫暴的根本原因乃源於殖民者的優越感，在習染下，有的臺灣
人警察也不自覺產生這種偏差的心態。

雖然許多警察慣以高姿態對待臺灣民眾，但仍有秉持良心行事的警察：

> 鳳山郡赤崁派出所甲種巡查小林某，賦性剛直不阿權貴，愛民如赤，
> 自著任以來，對於一般民眾，備極親切，無些兒優越感，無論内臺
> 人都以一樣之欵待，所以在庄之人民都很欽敬他之爲人，前在初回
> 保甲會議席上對保甲役員劈頭便道：「我和你們是相聯氣脉，凡事應
> 該相提携援助，如你們有意見，即管直言莫諱，或我有所缺點，也
> 望你們時常教導，以匡我不逮，人民有利害關係之時，我當必盡所
> 有的力量和你們努力做去。」人民聽了這段話，那不實心塌地來感
> 服呵！還有一段可以做在臺警吏之模範的美事，就是：去二月某日
> 夕陽西下的時候，有個乘自轉車來自遠方的臺人，經過小林某之派
> 出所前，適樹乳（タイヤ）突然破壞了，那小林氏看見，便叫那人
> 停住，自己即入宿舍裡，提出修膳的器具和樹乳糊來，爲之修補，
> 且慇″勲″吩咐那人在途上仔細，不要再弄壞了。像這樣警吏於臺
> 灣實在難得的，對待臺人是這樣，對待内地人則便可知了，我望臺
> 灣之警界人們，都要效法這個小林氏，那末遺（案：應爲「還」之
> 誤）怕臺人不敬服呢？〔註86〕

〔註85〕〈對警察的不法行爲要嚴重究辨了〉，《臺灣民報》第三卷第十號，大正 14
　　　　（1925）.4.1，3 版。
〔註86〕〈順風耳〉，《臺灣民報》第三卷第十三號，大正 14（1925）.5.1，8 版。

但像小林氏這種能夠視臺灣人爲自己同胞的警察畢竟是少數，在《臺灣（新）民報》上更多的報導是警察運用職權欺壓臺灣人，反映這種時代現象，控訴警察橫暴也就成爲日治時期小說的主要寫作主題，其中最爲人熟知的當爲賴和的〈一桿秤仔〉〔註87〕。其實不僅小說，如陳虛谷〈警察〉詩中，亦揭露警察的兇惡面目：

> 凌虐吾民此蠢材
>
> 寇仇相視合應該
>
> 兒童遙見皆驚走
>
> 高喊前頭日本來〔註88〕

日治時期臺灣小說作者中，陳虛谷乃擅以日本警察與農民關係爲題材者〔註89〕，在其一生寫作的四篇小說中就有三篇描寫日本警察對農民的剝削與欺凌〔註90〕，可見他對警察本質有相當透澈的了解。詩中表達一般臺灣人對日本警察的惡感，並逕以「蠢材」表現輕視之意，陳虛谷認爲凌虐臺灣同胞的日本警察，是臺灣人的寇讎，更藉兒童對警察的驚懼，側面反映警察的兇暴。

如前節所述，保甲必須接受警察的指揮與監督，所以若沒達成上級官廳交辦的任務，或因任務分配不均發生爭執，即會被警察以執行不力而處罰。此可以下列這首歌謠觀之：

> 一保保正管十甲，十個甲長攏繪合，
>
> 一日共伊捔捔吵，吵欲衙門見巡查，
>
> 巡查叫來共伊問，敢是風林牽傷長？
>
> 欲跪草埔仔毋汝轉，早起欲跪佫下昏。〔註91〕

歌謠採錄地點的澎湖，在日治時代曾從事綠化及提振農業生產的措施，其辦法就是築造防風林。在田地上每間隔一段相當的距離，就築一道東西向的防風林。圍築防風林都是分成區段，限期完成，石塊除了就地取材，將田地上原有的石牆拆來用外，不夠的就要去挑，是相當粗重的工作，所以被分派任

〔註87〕賴和：〈一桿稱仔〉，收錄於施淑編：《賴和小說集》（臺北：洪範，1994.10），頁23～34。

〔註88〕陳逸雄編：《陳虛谷作品集》（彰化：彰縣文化局，1997.12），頁138。

〔註89〕許師俊雅：《日據時期臺灣小說研究》（臺北：文史哲，1995.2），頁320。

〔註90〕這三篇小說分別爲〈他發財了〉、〈無處申冤〉、〈放炮〉，可參陳逸雄編：《陳虛谷作品集》，頁2～41、55～67。

〔註91〕洪敏聰著：《澎湖水調：澎湖的褒歌續集》（澎湖：澎縣文化局，2003.8），頁152；講述者：陳顏換。捔捔吵：不斷爭吵。

務的各甲甲長認為分配的防風林長度不平均，就要找保正理論。這首歌謠所
描述，只是為了構築防風林有意見，就要被警察罰跪在草坡上一整天〔註92〕。
可見在殖民體制中警察的威權是如何無限制的擴張，臺灣人又被施以怎樣侮
辱性的對待，不過是為了分配到的防風林長度不平均有所爭議，就被警察視
作不肯戮力奉公而粗暴地命其罰跪。

　　對甲長都毫不留情地恣意處罰，何況是一般民眾？其中能直揭警察對一
般民眾暴虐者當為底下這首歌謠：

　　　　杏仁茶，

　　　　見著警察酷〃爬，

　　　　盅仔損破四五個。

　　　　警察掠來警察衙，

　　　　雙腳跪齊〃，

　　　　大人：後擺不敢賣！〔註93〕

歌謠中杏仁茶小販當係無牌照攤販，而其違法販賣，乃肇因於總督府課捐之
稅苛刻而繁重，此即羅福星所言：

　　　　最可憐者，馳驅街中，沿途販賣之行商也。彼等之資本金，不過三、
　　　　四圓，一日之利益，僅二、三角耳。而納營業稅、繳牌照費時，其
　　　　糊口之費，即虧折於資本之中；每日虧折八分一角，如是令其消耗，
　　　　不出數月，即需借債，遂致失業而亡其身。又請看挑擔躑躅於街道
　　　　之小商人，停於途中，賣一碗食物於人，只賺一分之利，不幸而遇
　　　　警官，即被罰以一圓，為吾人數見不鮮者也。嗚呼！生活困難，聲
　　　　應東西，我臺灣島民，尤以行路商人，泣官之虐待，苦生活之難支，
　　　　孰有甚於此者耶？〔註94〕

上引歌謠即呈現賺取蠅頭微利的行路商人為警察虐待的苦狀。當無牌小販遇
到逞威鄉里的警察，想到可能遭受的對待，嚇得連忙驚走，在驚慌中，不小
心將盅仔給弄破了，歌謠對小販驚惶模樣的描寫可謂生動至極！但可憐的杏
仁茶小販終究難逃警察取締，被抓到派出所後，無錢無勢的小販能做的只是
無助地跪求警察不要處罰他，保證下次不敢再無照販賣。從小販顯露的卑微

〔註92〕同前註，頁152。

〔註93〕李獻璋編著：《臺灣民間文學集》，頁5。酷〃爬：驚走意；後擺：後回。

〔註94〕莊金德、賀嗣章編譯：《羅福星抗日革命案全檔》（臺北：臺灣省文獻委員會，
　　　　1965.10），頁38～39。

態度，就知殖民地警察是以怎樣高傲的姿態來對待臺灣人。賴和在〈新樂府〉中「街頭有小販，賺喰眞可憐，一見警察官，奔走各紛然；行商如做賊，拿著便要罰，小可講情理，手括再腳躂」〔註95〕的描寫，誠非妄言。整首歌謠對警察的暴虐未加明言，但透過小販驚恐、低聲下氣哀求，殖民地警察的兇惡嘴臉，臺灣人所蒙受的不平等待遇就昭然可見。

　　警察利用職權欺壓行路商人的惡劣行跡，除在歌謠中有所呈現，於當時報章亦有揭露：

> 員林街某巡查娶新娘的時候，極力向各方面發出招待狀，上自郡守大人，下至賣杏仁茶爲止，其誠意可嘉，其野心可知！賣杏仁茶們這樣想，他既然發出請帖，若不給他恭賀，有時被他記憶起，是有被罰金的危險，不若包兩元錢恭賀，省卻罰金，又可交一個大人，然一般街民唱了以下兩句：「大人娶水某，賣杏仁茶叫艱苦」，何其詼嘲乃爾！〔註96〕

根據這則報導，賣杏仁茶者迫於警察無端生事的本領，不得不上繳賀金，以免遭其蓄意刁難，「大人娶水某，賣杏仁茶叫艱苦」實唱出了小販無奈的心緒。報導中的杏仁茶販者是預想若不備給賀禮，日後警察恐會藉機尋事；歌謠中的杏仁茶小販則是已遭警察取締。無論是預想或已發生，從描述中，都能覷見警察對臺灣人逞威的可厭形象。

　　由日治時代職業戲班丑角所唱的喀仔板，亦可觀警察對民眾的橫暴：

> ……
> 烏狗欲親貓嘴巴，沒注意撞到銅線批，大人看到會哭爸，將人掠去衙
> 門底，搧鬢邊，踢一下，這擺姆知恰失禮，恰失禮呀恰失禮。〔註97〕

唱詞中主人翁在未及注意的情況下撞到電線桿，恰巧被警察瞧見，「哭爸」兩字傳神地形容警察見到此事，即一付不得了並大聲喝斥、叫罵的小題大作模樣，可能認爲他行爲失當，這位求愛不成的「烏狗兒」被警察拎到派出所中暴力相向，可憐的他只好屈辱地向這位了不得的「大人」猛賠不是，冀求警察能大發慈悲赦免他的過錯。警察的蠻橫、粗暴，透過唱詞明確地展現出來。

〔註95〕賴和：〈新樂府〉，收錄於李南衡主編：《日據下台灣新文學明集 1・賴和先生全集》（臺北：明潭，1979.3），頁 167。

〔註96〕〈街談巷議〉，《臺灣民報》第二百九十號，昭和 4（1929）.12.8，5 版。

〔註97〕陳健銘：《野台鑼鼓》，頁 76。銅線批：電線桿。

　　另外，由一首兒童遊戲歌謠中所塑造的警察形象，也可窺知警察的橫暴本質。在名爲「掠搏局警察」的遊戲中，定一位置爲警察所，賭徒在數公尺遠，向警察所似挑戰地裝做賭博，大聲地唸：「紅的黑的二十八，警察被我躂」，警察就跑來抓他，被捉的就用草繩將他雙手縛在背後，如縛犯人牽到派出所，警察就叫他跪下，就說：「你怎樣愛博局，並罵警察？」用手足比著說：「給你批鬢邊甲躂腳踵」賭徒裝著哭說：「大人啊！後擺我不敢！這擺恩典，後擺即給您罰銅錢。」警察就說：「好好！這擺放汝去，後擺掠著打半死。」就放他走。歌謠形容日治當時警察，可以隨便毆打平民，並可以捉拿而隨便開放，目無法紀作威作福的行動〔註98〕。這雖然是孩童諧謔的遊戲歌謠，但其實是由實際生活模擬而來，歌謠中反映警察罔顧臺灣民眾人權，隨意以暴力處罰臺灣人的兇暴。

　　另在歌謠中，也呈現警察貪污的行徑：

　　　大人比虎較大隻

　　　嘴開親像大尿杓

　　　若有物件到宿舍

　　　較大代誌攏無掠〔註99〕

歌謠以譬喻及白描手法，將警察之貪暴活生生地描畫出來。將貪暴的警察視作老虎，並非本歌謠特例。《臺灣慣習記事》中就載有一則〈一隻老虎被逮捕〉：

　　　談起巡查補的奸詐，如今已達到不言自明的地步。巡查的橫暴，也

　　　將使人有不勝悲憤之感。土人害怕他們的猛威與虎狼相比，也並不

　　　是沒有道理的。最近大稻埕有一隻老虎，幸虧傳被免職。我們希望

　　　再繼續出現百虎千虎被逮捕。〔註100〕

從這則記述，可見已有視橫暴的警吏爲老虎的看法。一般人視虎爲令人畏懼的猛獸，在臺灣人心中，警察不但如虎，甚且較虎更爲「大隻」，也就表示警察是較虎更加可怕的動物。老虎雖然兇猛可怕，但不會每天出現危害人類，可是殖民地嚴密的警察政治制度，讓比老虎更兇惡的「大人」每日都在民眾

〔註98〕曹介逸：〈稻江兒童的遊戲〉，《臺北文物》8卷3期，1959.10，頁114。

〔註99〕施福珍主編：《彰化縣民間文學集16【二林芳苑大城區】》（彰化：彰縣文化局，2000.12），頁102；講述者：康天權。

〔註100〕小言子：〈消夏小言〉，《臺灣慣習記事》第五卷第九號，1905.9。臺灣慣習研究會原著，臺灣省文獻委員會譯編：《臺灣慣習記事（中譯本）第五卷下》（臺中：臺灣省文獻委員會，1991.3），頁133。

身邊逡巡，藉機尋臺灣人的錯處，使得臺灣人活在擔心受怕的環境中，生怕警察大人伺機生事，又得慘遭處罰。警察雖然橫暴，也是有弱點的，只要能滿足他們的貪慾，塡滿其荷包，民眾就能確保萬事無虞。歌謠中表露出劣質警察的兇暴、貪婪本質。

　　大正三（1914）年因苗栗事件被判處死刑的羅福星，在其自白書中就控訴了警察的暴虐、榨取行爲：

> 最可惡者，莫過於地方警察官也。彼等在保甲費、警察費、壯丁費
> 等等名義之下，由民間徵收金錢以肥私囊。彼等之淫威，如狼似虎，
> 實爲村中之王。人民如對之大加款待，贈賄多者，即得與彼結交；
> 獲得一切便利，諸事可以相商，可以平安度日。否則，不款待警官
> 者，常被虐待受苦楚。故富者蒙優遇，貧者受虐待。蓋富者凡過年
> 節，均有雞鴨、酒肉、菜蔬餽贈之故；貧者不能作此貢獻，所以常
> 被虐待也。即如衛生一項，富者雖堆積污穢，仍被默許。貧者若見
> 其灰塵，即被毆打侮辱。又如地方名譽職之區長、保正、甲長，不
> 用公平投票選舉法，反乎民意之所歸，而以合於警官自己意思者採
> 用之。結果以金錢諂媚警官者佔優勝。故廉潔人才，負有村望者，
> 恆被棄於野而不顧。一旦以金錢買得以上之職權，凡植樹、修路、
> 討伐生蕃之小工，以及其他賦役，出外工役等之義務，悉被免除，
> 洵不公平之事也。彼等警察藉口調查，或視察阿片，常至民家，見
> 有何物合乎己意者，輒要求不已；若不贈送，則日後必加害於其身。
> 且彼等不察下民之貧苦，不分晝夜，擅到民家，呼喚酒食，強令殺
> 雞，飲於甲而食於乙，輾轉輪流，以苦其民。如此之警察官，向不
> 見於他國，惟獨日本而已。如此逞威貪財，偏袒處置，三百餘萬之
> 島民，無不抱不平不服之心者也。而部份寧願供職於日本官衙之某
> 廳參事、保正、區長、巡查捕、譯譯、庶務員、教員、隘勇、壯丁、
> 甲長等者，只不過爲財屈己，爲救妻子之飢餓而已耳。〔註101〕

羅福星這一長段指控，暴露日本警察索賄、貪污、圖利、強佔人民財物、白吃白喝種種劣跡，這些惡行，卻被他們視作理所當然，只想用盡各種方法從被殖民的臺灣人身上獲取好處，以滿足個人無止盡的私慾。於歌謠中反映的

〔註101〕莊金德、賀嗣章編譯：《羅福星抗日革命案全檔》，頁40。

警察橫暴、貪婪行徑，不啻為日治時期日本統治者荼毒臺灣民眾的一個有力證言。

二、民衆對警察的畏懼心理

　　警察對臺灣民眾肆行威暴，臺灣民眾又屈居於被統治者的位置，久而久之，自然滋生畏懼警察的心理。這種心理反映於歌謠中，即：

　　　　蟮蟲仔——ia^7 moo^1 lih^4

　　　　博笈——ba^7 khu^1 jih^4

　　　　佚陶——a^7 soo^1 bih^4

　　　　大人卜掠走來覕〔註102〕

本首為童謠，從最後一句「大人卜掠走來覕」，大人指警察，就知黃口小兒對警察懷有的可怕印象——警察就是「抓人的人」，被抓走的人當然不可能受到什麼良好待遇，所以要儘快躲避。歌謠中反映，由於警察權力擴張，可以恣意取締人民，因此警察能無所忌憚對臺灣人肆其威暴，而使臺灣人產生懼怕感。

　　若說孩童年幼膽怯，當然容易對擁有權威的警察產生莫名的恐懼心理，那從另一首歌謠，就可了解這種畏懼感，並非只存在孩童心靈中：

　　　　新做眠床四角挑

　　　　三片遮風彫夜婆

　　　　咱二人仔來睏尚介好

　　　　三人仔來睏睏繪落

　　　　新做眠床八支腳

　　　　中央一堵梢楠柴

　　　　咱二人仔來睏較合拍

　　　　姻緣無配大精差

　　　　新做眠床掛蔥管

　　　　蔥管落來蚊罩門

〔註102〕江寶釵總編輯：《嘉義市閩南語歌謠集（三）》（嘉義：嘉市文化局，1998.6），頁110；講述者：鄭坤霖。ia^7 moo^1 lih^4：日語「守宮」，やもり，即壁虎；ba^7 khu^1 jih^4：日語「博打」，ばくち，賭博；a^7 soo^1 bih^4：あそび，遊樂；覕：為「躲」之意。

蚊罩掀開卜予兄轉

目尾相拖心頭酸

新做眠床獅仔陣

新撚蚊罩白蘆藤

兄當敢僥娘敢反

招你落街見大人

大人見來齊齊到

日本掠去去斬頭

斬頭燴準過

燒香 ieng² nua⁷ 放風飛〔註103〕

歌謠藉敘說床鋪兩人躺睡剛好，三人則無法並容，暗示愛情中沒有第三者置身的空間。作為歌謠主人翁的女子個性剛烈，言只要男子敢變心，她就會毫不留情地招他一起見警察要求仲裁，而這種罪，是會被施以砍頭之刑。這當然是女子的恐嚇言辭，但由拿日本警察來施以恐嚇，也足見臺灣民眾是如何懼怕警察的了。

綜合上述歌謠，可略知臺灣民眾對殖民地警察的觀感，亦對殖民地警察肆行威權的情形有所了解。但甚為可笑的是，在大正十四（1925）年十一月官方所舉辦的臺北警察衛生展覽會中，於舊總督府廳舍的第一會場，竟展出一幅「救苦濟世」的警察觀音像〔註104〕。將警察塑造成「救苦救難」的觀音菩薩，彷彿警察的慈愛廣被臺灣，只是若就歌謠、文學作品、報刊等資料中所顯現的民眾觀感來看，這不過是掩蓋與美化嚴酷的警察政治罷了。警察對臺灣人來說，倒比較像可怕的「魑魅魍魎」。

面對警察的無理橫暴，歌謠中呈現的是臺灣民眾忍氣吞聲受辱，但當民眾忍受過多屈辱而無法再行忍耐時，也會起身反擊：

員林郡社頭庄舊社，豚肉商人蕭錦州，於去十一月十三日，在社頭某店前販賣豚肉時，忽來一個如狼似虎的某巡查，不分黑白，不問

〔註103〕胡萬川總編輯：《大甲鎮閩南語歌謠（二）》（臺中：中縣文化局，1995.1），頁222～224；講述者：莊李晟。桃：古式木床之最前面橫木；夜婆：蝙蝠；合拍：條件適合；精差：差錯；蔥管：布摺一小段縫好，中間縫隙可穿帶子、繩子、竹竿等之布管子；落來：下面；撚：剪；僥：負心。

〔註104〕程佳惠著：《臺灣史上第一大博覽會：1935 魅力台灣 show》（臺北：遠流，2004.1），頁26。

> 理由，將肉擔的棒子，舉起亂打，將錦州的右手打斷，揚〃而去。
>
> 當時觀眾非常不滿，擁至派出所，詰問該巡查的無理，後該巡查，
>
> 支出拾圓給他服藥，因蕭不收，大起恐慌，乃托某君對他講情，願
>
> 負擔一切藥料，及他費用，求其息事云。〔註105〕

由這則報導，可見殖民地警察不循正義公理行事，只是仗恃總督府賦予的權力欺壓臺灣人民，但被壓迫的臺灣人若能發揮群體力量，那依恃權力壯膽的紙老虎，終會懾於民眾的輿論而收斂其狂妄行跡。尤其作威作福的警察若離開任上，失卻殖民地法制的庇佑，臺灣民眾更能無所忌憚對其展開報復，在《臺灣新民報》第四百九號上就有一則「巡查不德，辭後被打」的報導〔註106〕，可見一般臺灣民眾對不德警察的怨恨，只待有機會，就會對這些壓迫民眾的酷吏進行報復，宣洩他們心中的憤恨。

第四節　日語政策

　　雖然一般都言日本統治臺灣初期係實施「無方針政策」，基本上尊重臺灣人的舊有慣習，且針對臺灣舊有的風俗習慣、制度文化各方面進行調查後再制定適當的政策，以免引起臺灣人反彈，徒增統治上的困難。但其實，日本從一開始統治臺灣，就打算同化臺灣人，且這種工作在殖民初期就已展開。從明治二十八（1895）年十二月九日所訂定的「監獄暫行規則」第七條即可見端倪：

> 左列祭日可免服役。
>
> 一月一日二日　元始祭　孝明天皇祭　紀元節　春季皇靈祭
>
> 神武天皇祭　秋季皇靈祭　神嘗祭　天長節　新嘗祭〔註107〕

規則中規定囚犯可在某些特定節祭免除勞役，只是這些節祭不是臺灣的傳統

〔註105〕〈巡查打人　求人息事〉，《臺灣新民報》第三百九十四號，昭和6（1931）.12.
　　　　12，8版。

〔註106〕〈巡查不德，辭後被打〉，《臺灣新民報》第四百九號，昭和7（1932）.4.2，
　　　　9版。

〔註107〕吳定葉、黃耀東編譯：《日據初期警察及監獄制度檔案》（臺中：臺灣省文獻
　　　　委員會，1979.12），頁6。元始祭：慶祝天照大神之孫瓊瓊杵尊奠定日本國基
　　　　礎而舉行的祭典；紀元節：紀念大和朝廷建立的節日；神嘗祭：獻上剛收成
　　　　的稻米以感謝神明的祭典；天長節：日本天皇生日；新嘗祭：日皇向天地薦
　　　　新穀並自己嘗食的祭典。

節祭，而是由日本歷史文化所產生的屬於日本人的傳統。在這些日子免除犯人勞役，當然就是要使臺灣人開始接受、習慣與認同日本人的生活模式。在一篇名為〈尊重植民地的國民性就不是同化主義了〉的文章中，即提及殖民者欲同化臺灣人的企圖與手段：

> 第一對於較易實行的形式方面先行著手，如地名、町名都拿本國慣用的地名、町名，來代替臺灣固有的地名町名【。】又將臺人慣用的漢文也逐漸實行撲滅，一方面又欲以國語來做臺人的常用語。〔註108〕

改易地名、消滅漢文、推行國語（日語），殖民當局為要同化臺灣人，實是無所不用其極！

　　日語政策為同化政策中重要的一環。因為「國語教育是實踐『同化』最主要的手段，成果最為顯著；『同化』與國語教育之淵源、關聯和互動也最為密切。」〔註109〕當日本官員在明治二十八（1895）年七月中初抵臺灣時，日語還是稱作「日本語」，但在短短的一年之內，日語便正式稱為「國語」〔註110〕。尾崎秀樹認為：

> 對於台灣這塊殖民地，日本最值得誇耀的恐怕就是經濟開發和教育制度的確立。而這種教育制度的基幹，換句話說，置之於皇民化之中的日語教育乃是整個過程的一個重要部分。……利用日語來進行同化的政策，乃是1895〔明治28〕年5月21日，根據台灣總督府暫行條例的規定，於同日在民政局設置學務部，伊澤修二任學務部代理以來，直到戰敗始終貫徹如一的政策。在這期間，該政策非但未曾有過緩和，隨著戰爭的激化和日本敗勢的顯現而愈得以強化。〔註111〕

對臺灣總督府來說，要同化臺灣人，日語的學習是必要的。因為「語言構成及話語型態才是文化存在的根本，它不但構成文化實體，也是一切思想存在

〔註108〕〈尊重植民地的國民性就不是同化主義了〉，《臺灣民報》第三卷第六號，大正14（1925）.2.21，1版。

〔註109〕陳培豐著，王興安、鳳氣至純平編譯：《「同化」的同床異夢：日治時期臺灣的語言政策、近代化與認同》（臺北：麥田，2006.11），頁22。

〔註110〕周婉窈：〈從比較的觀點看台灣與韓國的皇民化運動（1937~1945年）〉，收錄於張炎憲、李筱峰、戴寶村主編：《台灣史論文精選（下）》（臺北：玉山社，2005.3），頁169。

〔註111〕尾崎秀樹著，陸平舟，間扶桑子合譯：《舊殖民地文學的研究》（臺北：人間，2004.11），頁250～251。

之本體」、「同一語言的使用得予統一全國民的思想」〔註112〕，日本語言學家
上田萬年甚至將日語視爲日本人的精神血液，即使日本國內有非大和民族分
子及各地方言，只要讓他們使用所有日本人的共同母語——日語，就可以統
一流在他們身體內的「精神血液」，輸入「忠君愛國」的思想，將他們熔化成
日本人〔註113〕。故要使臺灣民眾真正體驗大和精神進而奉行之，以成爲皇國
最忠良的臣民，那就不能靠臺灣本地語言來達成，因爲臺灣本地語言代表的
是臺灣的文化精神與臺灣人的思想型態。學習日語，不但有助日臺人情感交
流，對該國的文化風習亦能有更深一層的體會與薰染，更重要一點，懂得日
語，統治者的意志與命令可直接傳達給臺灣人，這便於灌輸臺灣人奉戴萬世
一系天皇的忠君愛國精神，並進而有效驅使臺灣人成爲皇國榨取與利用的工
具。這也是皇民化運動時期，臺灣總督府爲何更加著力推行日語的原因。

　　臺灣日語教育之濫觴爲芝山嚴學堂，開始推行則自明治三十二（1899）
年起。後藤新平在明治三十五（1902）年十一月十日學事諮詢會議席上演講
臺灣教育方針時謂：「臺灣教育始終一貫在乎國語之推行耳。」可見日語教
授對統治者的重要意義。雖然殖民當局深知日語教育的重要性，但在明治年
間，並無成績可觀，及至大正三、四（1914、1915）年間，逐漸設立日語普
及會、日語練習會、日語研究會等，但全臺未見普遍之設施。尤其大正七、
八（1918、1919）年間，臺灣民眾因爲國際情勢的影響，思想大有轉變，日
語教育之推行，更大受阻礙。大正十二（1923）年地方制度修正後，日人極
力主張日語推行的重要性，由於當局的鼓勵，市街莊充實其設施，於是臺灣
日語之推行始見轉機。至昭和三（1928）年，總督府及各州，設置社會教育
股，將向來地方日語教育之任意組織與方法，逐漸修改而予以統制。昭和六
（1931）年十二月廿九日，以府令第七三號，制定臺灣公立之特殊教育設施
規則，確立日語講習所制度，分爲長期日語講習所及短期簡易日語講習所，
致力推行日語教育。爲徹底推行日語起見，總督府於昭和八（1933）年提出
「國語普及十年計劃」，其目標在將解識日語人數於十年後提升至總人口的
百分之五十以上〔註114〕。此時推廣日語運動漸偏重在「國語普及網」的佈

〔註112〕黃昭堂著，林偉盛譯：〈殖民地與文化摩擦——台灣同化的糾葛〉，《台灣風
　　　　物》41卷3期，1991.10，頁27。
〔註113〕陳培豐著，王興安、鳳氣至純平編譯：《「同化」的同床異夢：日治時期臺灣
　　　　的語言政策、近代化與認同》，頁48～49。
〔註114〕參井出季和太著，郭輝編譯：《日據下之臺政》，頁 321、955、956；蔡錦堂

建與「國語常用運動」的展開。所以如此，主要原因在於雖然臺人學習日語的熱潮日盛，但並未同時出現流行使用日語之現象，而仍以臺語為主要的生活用語〔註115〕。

雖然日本在治臺初期即開始推行日語，但殖民當局為推行日語而積極壓抑本地語言，始見於皇民化時期。昭和十二（1937）年四月，公學校一概取消漢文課，且在全島大量增設國語講習所、簡易國語講習所，從昭和十八（1943）年起，更利用皇民奉公會推展「國語強化運動」〔註116〕，目的就是要增加所謂「國語解者」的數目。唯此時期，殖民政府雖大力推行日語，卻不曾有系統地禁止使用臺灣當地語言，雖然局部的禁止是有的，譬如：高雄市公車上曾禁止乘客使用臺灣話，嘉義市役所也曾拒絕接受臺語辦案〔註117〕。

有歌謠反映殖民當局著力推行日語的這段歷史，以下分述之。

一、庶民如何學習日語——日語學習歌產生

在學習日語為總督府既定政策下，反映於歌謠中，即日語學習歌謠的產生。這些為幫助學習與記憶的日語學習歌，與在歌詞中偶然使用日語詞彙的歌謠有所不同，歌謠中「外來語零碎的使用是自然的、無意的，而編成歌仔冊者如『日臺會話新歌』、『國語白話新歌』等，則是有意的藉歌謠的叶韻，以幫助新語言學習的記憶。」〔註118〕這些日語學習歌謠，正是殖民當局著力推行日語下的產物。

以下將搜集到的日語學習歌謠，先列於後：

〈國語學習歌〉

日本ハリ講是針	番仔酒矸アキビン
ナキマメ土豆仁	シヨイク是做陣
ワタクシ我本身	ニワトリ臺灣雞

編著：《戰爭體制下的台灣》（臺北：日創社文化，2006.10），頁19。

〔註115〕吳文星：〈日據時期臺灣總督府推廣日語運動初探（下）〉，《臺灣風物》37卷4期，1987.12，頁69。

〔註116〕蔡錦堂編著：《戰爭體制下的台灣》，頁20～22。

〔註117〕周婉窈：〈從比較的觀點看台灣與韓國的皇民化運動（1937～1945年）〉，收錄於張炎憲、李筱峰、戴寶村主編：《台灣史論文精選（下）》，頁172。

〔註118〕臧汀生：《臺灣閩南語歌謠研究》，頁191。

アカクツ紅皮鞋　　　　ヒトタサン人此多
キクハナ菊仔花　　　　日本ナク臺灣哭
イロトコ講鉛骰　　　　カケアシ大歩走
ヤマサル講山猿　　　　オキトラ大隻虎
シヒタケ講香菇　　　　アメフル天落雨
モチノリ蔴糍糊　　　　カミサマ是神明
ネマ臺灣講房間　　　　ツマラン無路用
イソガシ眞無閒　　　　タケノコ是竹筍
シキシマ敷島煙　　　　イシヨネル做陣眠
フロシキ包袱巾　　　　サヲタケ是竹篙
アリマセン講是無　　　アニヨメ叫兄嫂
オキホチヨ大菜刀　　　サケタル燒酒桶
阿媽號做オバサン　　　トシヨリ老大人
カラカサ紙雨傘　　　　ホシソバ大麵干
チヨトミテ借我看　　　オキサラ大塊皿
チリガミ綿仔紙　　　　オキヒロイ大與闊
暗時行禮コンバンハ　　卒業號做ソツギヨ
バシヨノミ是芎蕉　　　キミワラウ恁愛笑
透早行禮オアヨ　　　　ワリバシ消毒箸
アカイモ紅蕃薯　　　　鐵桶號做バケツ
オキブタ大隻豬　　　　ナマイキ眞激屎
コチクル對此來　　　　ウミ解説是海
オキシシ大隻獅　　　　オキイヌ大隻狗
國語ミゾ是水溝　　　　トシトル人眞老
タマネギ是蔥頭　　　　アチタテ站彼竪
タベナイ講無食　　　　アリガト眞多謝
チヨトル去拿蝶　　　　ハツカシ眞見笑
ウソ臺灣講詨精　　　　ミナイク去了了
ハラヘル腹肚飢　　　　チヨトマテ緩且是
イツマデ到何時　　　　朝日號做アサヒ
オキハタ大枝旗　　　　枕頭號做マクラ

ブタアシ是猪腳　　　　　笠仔日本講カサ
マチガイ有爭差　　　　　日本ムシ講是蟲
オレオト阮親夫　　　　　不知號做ワカラン
ゴロツキ鱸鰻人　　　　　講話號做ハナシ
カネカギ鐵鎖匙　　　　　カワイソ無捨施
オキイケ大口埤　　　　　夥記號做ミカケ
オチヤノム是飲茶　　　　ヤカマシ在哭父
ホシエビ金鉤蝦　　　　　大兄日本叫アニ
カネトル去提錢　　　　　センセイヨム叫先生
行路號做アルク　　　　　アネモコ講姉夫
水蛙日本カヘル　　　　　オキカメ大隻龜
風吹日本講タコ　　　　　コガタナ細枝刀
トリボシ打鳥帽　　　　　マセマセ當〃遘
イエ日本講是厝　　　　　スイギウ講水牛
アリマス着是有　　　　　マケ臺灣講是輸
マチ土名番仔火　　　　　ブタカワ猪肉皮
イラシヤイ入來坐　　　　チヤリユウ打笑科
カユカク講爬癢　　　　　日本ヨメ是新娘
ロユワケ是怎樣　　　　　オキハコ大腳箱
石頭日本講イシ　　　　　ワステタ沒記得
兔仔號做ウサギ　　　　　シラサギ白鴿鷺
愛睏號做ネムタイ　　　　アタリマイ合應該
オモシロイ心適事　　　　オキバカ大箍憨
銀票日本講サツ　　　　　ホンヨム在讀書
イシヨイク做陣去　　　　ジヤガイモ馬鈴薯
サケノム食燒酒　　　　　タマツキ是撞球
トモダチ講朋友　　　　　シラシメ白絞油
手指國語ユビワ　　　　　日本スナ臺灣沙
ヤブレタ物打破　　　　　ウタ臺灣講唱歌
明日號做アシタ　　　　　カンボク是棺柴
青暝日本メクラ　　　　　シタ臺灣講下腳

オレツマ我的妻　　　　ツチトル去提土
オキハラ大腹肚　　　　ヒトフトイ人大箍
オニミタ看着鬼　　　　ホヤ臺灣講鷄管
ワルクチ眞歹嘴　　　　カワイソウ眞克虧
イロ臺灣講古井　　　　ソラ解説號做天
耳仔國語講ミミ　　　　ホシ臺灣講天星〔註119〕
日本酒矸せきびん，
なんきんまめ塗豆仁，
日本いぬ叫做狗，
やまさる是山猴，
ちよとまて稍等候，
いろこと是緣投。〔註120〕

漢文國語三人欠
字若毋捌您再添
下句卜續落去唸
日本 ha² li³ 講是針
酒矸號做 a¹ khi² bin²
na¹ khin² ma² me³ 土豆仁
i¹ so² i² khu³ 是做陣
ua¹ ta² khu² si³ 我本身
sa¹ o² tha² khe³ 是竹篙
a¹ li² ma² sen³ 講是無
a¹ ne² io² me³ 叫兄嫂
oo¹ ki² ho² io³ 大菜刀
no¹ tsir² mo² tsir³ 講無閒
nin¹ to² 台灣講電燈
tsir¹ ma² lai² 講叫做無路用
i¹ so² nga² si² 眞無閒〔註121〕

〔註119〕東方孝義著：《台灣習俗》（臺北：南天，1997.12），頁 170～172。
〔註120〕洪敏聰著：《澎湖菜瓜——雜唸》（澎湖：澎縣文化局，2001.12），頁 247；
　　　　講述者：曾�。せきびん：應爲「あきびん」才是。

酒矸號做あきびん

なんきんまめ土豆仁

いっしよいく講做陣

わたくし我本身

おおきいとら大隻虎

しいたけ是香菇

あめふり天落雨

もちのり麻餈糊

さおだけ是竹篙

ありません是講無

あによめ叫阿嫂

おおきいほうちょう大菜刀

なく台灣講是哭

いろおとこ是緣投

かけあし大步走

やまざる講山猴

さけたる燒酒桶

おおきいはち大隻蜂

阿媽是叫おばあさん

としより老大人〔註122〕

na^1 ma^2 i^2 khi^3 講是成格屎

kho^1 ci^1 khu^2 loo^3 講是對遮來

oo^2 moo^2 si^3 loo^2 i^3 講是心適代

ni^1 ua^2 thoo^2 li^3 講是雞

a^1 khai^2 khu^3 cu^3 講紅皮鞋

oo^5 jie^2 hit^4 too^3 tha^1 ku^3 sang^2 講呰爾濟

khi^1 khu^3 ha^3 na^3 講菊仔花

〔註121〕 胡萬川總編輯:《沙鹿鎮閩南語歌謠(二)》(臺中:中縣文化局,1993.5),
　　　　頁192;講述者:蔣清傳。

〔註122〕 胡萬川總編輯:《大溪鎮閩南語歌謠〈一〉(林許治專輯一)》(桃園:桃縣文
　　　　化局,2005.3),頁32～34;講述者:林許治。

$u^2 mi^3$ 解說講是海

$oo^5 ki^2 si^3 si^3$ 大隻獅

$ho^1 oo^2 tha^3 kheh^4$ 講竹篙

$a^1 li^2 ma^2 sian^2$ 就是無〔註123〕

錄於《台灣習俗》的〈國語學習歌〉應是當時的歌仔冊,以歌仔冊形式存在的〈國語學習歌〉與戰後采錄到的這些篇幅較短的歌謠究竟存在何種關係?是先有這些短篇歌謠,而後歌仔先予以擴充?還是民眾經由歌仔冊學習,習得其中一部分詞句?關於此點這些歌謠講述者並未說明,就現有資料來看,亦難察明,但從其中詞句的高重複性,可以斷定兩者必有相當之關聯。這類日語學習歌謠的構造相當固定,大概都採「X 表示 Y」的形式,呈現語彙對照「X=Y」,這「=」的部分就是句中的動詞句,如講、講是、號做、叫、叫做等,為配合一句七音節的形式,歌謠裡的日語常常缺少長母音的後半部分,促音和形容詞詞尾亦有任意刪減的傾向〔註124〕。如此學習到的就不是正確無誤的日語詞彙,而是差不多的日語口頭讀法。

從戰後這些歌謠的采錄地區,可看出這類歌謠幾乎遍布全島,從北部的大溪、到中部的沙鹿、雲林地區,再到離島的澎湖皆有,可以想見當時總督府全面推行日語的情形。再就歌謠內容來看,其中出現簡易與常用的會話,如透早行禮(早安)、暗時行禮(晚安)、稍等候、無、無路用、真無閒、做陣、對遮來、借我看、真多謝、到何時、著是有、無食、飲茶等;再就是生活中常用或可見的事物,如日常用品類的針、酒矸、包袱巾、菜刀、竹篙、皮鞋、燒酒桶、雨傘、皿、鐵桶、箱子、枕頭、番仔火(火柴)、電燈、筷子、笠仔等,食物類的塗豆仁(花生)、香菇、蘇糍糊、竹笋、芎蕉、蕃薯、蔥頭等,動物類的狗、雞、山猴、虎、蜂、獅、豬、龜、兔、白鴿鶯、蝶、蟲、水蛙、水牛等,自然現象與事物類的天落雨、海、菊花、風、星、天、石頭等,還有住居的房屋、房間,宗教信仰的神明,以及日治時期特有的香菸品牌「敷島」等;稱呼詞有我、兄、兄嫂、姐夫、阿嬤、夫、妻、新娘、老大

〔註123〕 胡萬川、陳益源總編輯:《雲林縣閩南語歌謠集(三)》,頁 34;講述者:陳李明。

〔註124〕 參林虹瑛:〈日治時代台日語混編歌仔冊對臺灣話帶來的影響〉,《台灣語言學一百周年國際學術研討會:紀念台灣語言學先驅小川尚義教授張貼組論文》,臺中:臺中教育大學台灣語文學系,2007.9,http://www.ntcu.edu.tw/taiwanese/ogawa100/a/,上線日期:2008.3.6。

人、先生、夥計等；人體部位有耳朵、手指、腹肚等；形容詞有大與潤、緣
投、成格屎（驕傲）、心適代（有趣的）等；動詞有哭、行路、講話等；另有
撞球等娛樂活動。

從這些會話或詞語可看出，臺灣人學習日語是從與日常生活密切相關的語
詞開始學起，因為這些常用語實用性強，使用頻率高，這符合一般語言的學習
規律。當然這類歌謠最主要的意義，還是反映在殖民當局日語政策下，臺灣人
如何快速與有效地學習日語的一種方式。

二、戰爭期如何獎勵使用日語──「國語常用家庭」設置

終日本統治，殖民當局一直著力推行日語，想達成同化臺灣人的目的。
尤其在皇民化運動中，推行日語更是其中重要的運動項目，「皇民化時期的日
語運動的目標在於改造臺灣社會為一完全使用日語的社會，這是和先前的日
語運動最大的不同處。」〔註125〕下列這首歌謠即顯現皇民化時期臺灣總督府
獎勵使用日語的情形：

> 羅福星，
>
> 眞英明，
>
> 領導抗日大革命。
>
> 四腳仔，
>
> 眞不行，
>
> 強迫大家洋涇濱，
>
> 說是實行無恥的家庭。〔註126〕

日治時期臺灣民間慣稱日人為「四腳仔」，意思就是狗，意同畜生之意。〔註
127〕強迫大家洋涇濱，即強迫大家學習日語。皇民化時期有所謂「國語常用家
庭」，為獎勵使用日語所設，凡全家使用日語者，經審核通過後可以領取「國
語家庭」的牌子懸掛在家門口，「國語家庭」有許多切身的利益可得：小孩享

〔註125〕周婉窈：〈臺灣人第一次的「國語經驗」──析論日治末期的日語運動及其
問題〉，收錄於氏著：《海行兮的年代──日本殖民統治末期臺灣史論集》（臺
北：允晨文化，2003.2），頁88。

〔註126〕戴書訓等編纂：《重修台灣省通志・卷十・藝文志・文學篇》（南投：省文獻
會，1997.12），頁1100。

〔註127〕參李壽林編：《三腳仔──《台灣論》與皇民化批判》（臺北：海峽學術，
2001.3），頁Ⅰ、210。

有「小學校共學許可」的優惠；「國語家庭」的子女享有中等學校入學許可的優先考慮；政府各機關和社會公共團體優先錄用「國語家庭」的成員；「國語家庭」成員比較有機會取得各種營業執照；「國語家庭」原則上享有「諸種便利」和「優先的特典」〔註128〕。有些臺灣人並非眞想被同化，而是受前述利益吸引，遂自願申請成爲「國語常用家庭」。歌謠呈現當時總督府這項政策，只是顯然在譏刺這項政策與申請爲國語家庭者，所以才「說是實行無恥的家庭」。

殖民者利用種種方法推行日語教育與獎勵日語學習，但其努力與臺灣人對日語的認同與使用程度顯然不成正比，雖然昭和十八（1943）年，臺灣人中已有80%的人能了解日語〔註129〕，但總督府強制普及日語的結果，不過使臺灣變成一「雙語並用」的社會，「國語的日語」政策並未能動搖臺人語言生活的內部〔註130〕；甚且，總督府強制普及日語的結果，使日語成爲不同方言的臺人間的「共同語言」，幫助臺人的融合和共同意識的形成〔註131〕，與日本殖民當局所設定的同化目的恰好背道而馳。因爲總督府未曾全面禁止臺灣人使用臺灣當地語言及全面強迫民眾必須學習日語，是以日語並未取代臺灣當地語言，對於未受教育的臺灣人民，日語更非他們慣用的日常語言，所以被視爲重要同化事業的日語教育，在殖民地臺灣推行的結果可說是不成功的。

第五節　放足與斷髮〔註132〕政策

日本治臺後，對於臺灣社會中存在的纏足、辮髮以及吸食鴉片之慣頗以爲陋劣，將其視爲臺人的三大陋習。其實早在樺山資紀、水野遵於一八七○年代到臺灣探查時，就發現臺灣人有吸食鴉片與纏足的陋俗〔註133〕。

纏足與辮髮這兩項習慣，在接受西方文明的日人眼中，是不雅觀又欠缺

〔註128〕周婉窈：〈臺灣人第一次的「國語經驗」—— 析論日治末期的日語運動及其問題〉，收錄於氏著：《海行兮的年代 —— 日本殖民統治末期臺灣史論集》，頁94。

〔註129〕洪麗完等主編：《臺灣史》，頁202。

〔註130〕吳文星：〈日據時期臺灣總督府推廣日語運動初探（下）〉，《臺灣風物》37卷4期，1987.12，頁74。

〔註131〕黃秀政、張勝彥、吳文星著：《臺灣史》，頁214。

〔註132〕斷髮：日語「だんぱつ」，剪髮意。因一般論述慣用「斷髮」，故此沿用之。

〔註133〕參戴國煇：《台灣史探微：現實與史實的相互往還》（臺北：南天，1999.11），頁67。

衛生的。但據臺之初，民心尚未平穩，若遽行禁止與改易，恐會引起臺民反彈，且當時各地尚有未綏靖的反抗勢力，總督府在討伐這些反抗勢力之餘，根本無暇及此，所以先採放任的態度。由明治二十八（1895）年七月三十日民政局長致伊集院基隆支廳長之信函中，即可見當時所採行的方針：

> 但在土匪出沒各地，人民尚未安堵之情況下，加之在如有可能它即
> 會變為軍事組織之今日，民政之方針隨之亦全在保持目前之現狀而
> 非其他。從而對吸鴉片、蓄髮辮、婦女纏足等本島歷來之惡風陋習，
> 亦無立即更改之意。……且有關上述風俗上之事，苟有損人民感情
> 之談話，亦望告誡部下吏員，切勿於治民方面妄自出口。〔註134〕

雖然暫時聽任臺灣人自由放足或斷髮，但殖民當局還是透過學校教育或報章雜誌來鼓勵宣導。

中國女子纏足自宋代偶然得見，到清代已成遍及全國的習俗，當時人人皆以纏足為貴，天足為賤，纏足被視為身分地位的表徵，以及躋身富貴之家的條件，因此大部分女性都逃不了雙腳被裹纏的命運。當大陸漢民族移民臺灣時，也將這種習慣帶到臺灣，臺灣較為富裕人家及良家婦女都有纏足的習慣。但臺灣的客家女子是不纏足的，所以在閩南人中若有女子沒有纏足，就會被笑為「客婆仔」或「赤腳婆」〔註135〕。仁宗嘉慶年間，臺灣即有俗謠唱纏足事：「阿母相憐一束纏，為教貽地作金蓮；弓痕窄窄新花樣，知是初三月上弦。」〔註136〕纏足所呈現的畸型美感，以及藉此認定一個女子的價值，為中國古來父權宰制下的一種變態產物，但根深柢固的價值觀念無法在一夕之間轉變。

日治後隨著時勢推移，在臺人識者之間，眼看這種傷殘人體的纏足已是落伍的存在，遂主張打破這種弊風，支持者也日漸增多〔註137〕。大稻埕人黃玉階於明治三十三（1900）年成立「臺北天然足會」，該會成立後，即有大稻埕中街張方之女剪絨率先解放纏足。纏足有悖天倫，為眾人所知之事，惟連

〔註134〕參台灣總督府編，王洛林總監譯：《台灣抗日運動史》（臺北：海峽學術，2000.8），頁1162～1163。

〔註135〕黃得時：〈天然足會與斷髮不改裝運動〉，收錄於黃開祿編：《臺灣研究研討會紀錄續集》（臺北：國立臺灣大學文學院考古人類學系，1968.5），頁5。

〔註136〕林東辰著：《臺灣舊事譚》（高雄：大舞台書苑，1979.4），頁59。

〔註137〕參王一剛：〈日據初期的習俗改良運動〉，《臺北文物》9卷2、3期合刊，1960.11，頁14。

天然足會首腦之家族都幾乎無一率先解纏足，社會上見到符合規約的天然足少女，亦往往加以嘲弄，終使之再度纏足。再加上明治三十四（1901）年地方官制大修改，官界產生變動，遂使官民均對解纏足事失去支援的熱心，導致放足事業的暫時衰頹。明治三十六（1903）年，臺灣地方有力人士爲參觀博覽會至日本旅行，目睹當地婦女的教育、生活狀況，頗受刺激，歸來時解纏足之風再度於島內醞釀，這時已有人認爲欲除此弊風須採強制的禁令。明治四十四（1911）年臺南廳首開以保甲處分的公權力來推動放足，這成爲日後總督府通令各地將禁纏足條款附加於保甲規約之先聲。約於同時，放足運動也出現由婦女自組的「解纏會」。大正三（1914）年，臺中廳長枝德二與廳內主要臺灣人協商組織本島人風俗改良會，企圖除辮髮纏足之陋習，各支廳長頗體此旨，熱心盡力。同年十二月霧峰林家在廳長與其他人等蒞臨下召開盛大之解纏足會，應之而解纏足者六百餘人，予一般臺灣人相當大的衝擊。其後這股風氣瀰漫到臺灣各地。總督府認爲應把握這一機會，於翌年四月十五日由民政長官向各廳長發出通知，命其在保甲規約中追加禁止纏足及解纏足的規定，以期逐步打破纏足的陋習〔註138〕。仍纏足者，係蹠趾已彎曲無法恢復，而可免放足。

　　總督府倡導放足，除有同化之意義，另外，也帶有經濟上的考量，纏足女子，行動不方便，對欲將臺灣資本主義化而需大量勞力的總督府來說，人力資源無法充分利用，對日本資本家在臺灣的經濟發展是不利的，所以當然要根絕這一陋習。若撇開殖民者的想法，纏足是對女性身體的殘害、心理的束縛，推動放足可說是殖民當局的一項「善政」，從此臺灣女子不必再被拘限於三寸金蓮、鎖於深閨中，而可以邁開步伐出外求學、就業，對女子社會地位的提高實有相當之助益。

　　再就推行斷髮之情形言，明治三十二、三十三（1899、1900）年間，臺灣人中的先覺之士已有覺辮髮不合時勢而斷髮者，唯人數尚少。從《臺灣慣習記事》的記載，就可發覺臺灣人不熱衷斷髮的情況：

　　　甲午改隸以來迄今日，廢止辮髮者，僅爲一部份紳士學生及助理警

〔註138〕參台灣總督府警務局編，王洛林總監譯：《台灣抗日運動史》，頁1166～1170；井出季和太著，郭輝編譯：《日據下之臺政》，頁349；吳文星：〈日據時期臺灣社會領導階層與社會文化變遷——以放足斷髮運動爲例〉，收錄於劉寧顏主編：《臺灣省文獻委員會慶祝成立四十週年紀念論文專輯》，頁59。

　　察而已，其數寥寥如晨星耳。……其尤甚者，犯罪入獄，被強制斷
　　髮者，一旦出獄歸家，便以散髮爲恥，而多製戴假辮云。〔註139〕

據此可知至少在日本治臺後的七、八年間，即明治三十五（1902）年，一般
人士尙無法接受斷髮這一新觀念。雖然在這前後，國語學校及支廳的候補警
察中有出現斷髮者，但並未成爲趨勢。直至明治四十三、四十四（1910、1911）
年，因清末革命對民心的影響以及斷髮不改裝會之設立，才促使斷髮風氣的
興盛〔註140〕。之後，爲期一年餘，各地區街庄長、臺人教師等公職人員及紳
商名流紛紛響應，並倡組「斷髮會」，訂定會規，除鼓勵會員個別斷髮外，亦
定期舉行集體斷髮大會〔註141〕。大正四（1915）年臺灣總督府始政二十周年
之際，當局下令組織「風俗改良會」，一洗纏足、辮髮等陋習，作爲所謂「始
政二十周年紀念事業」之一。結果，數月之間，斷髮者達一百三十三萬餘人，
仍辮髮者僅剩八萬人〔註142〕。仍辮髮者多係六十歲以上，總督准許留辮者。
　　就現代人的眼光觀看，革除這兩項陋習，並無不妥之處。可是回到日治當
時，纏足與辮髮對民衆來說是相沿已久的習慣，因爲習慣早已「習慣」，根本不
覺其陋劣，若要他們改變，反爲他們固定的生活帶來不穩定的因素，使他們深
覺恐慌，甚至引起反彈。思想先進的知識分子了解其中的道理所在，可能會以
較理性的態度去面對，衡量其中的利弊得失；但思想未經啓蒙的庶民，面對習
慣可能或驟然改變，往往以出於下意識非理性化的情感與態度來面對，隨口哼
唱的歌謠中，即流露他們對總督府推動放足與斷髮的最直接反應。

一、放　足

　　纏足有礙肢體健全發展，是一種不人道與不文明的習慣。但女子纏足之
習能在臺灣流傳久遠，代表它在臺灣人的心目中並非是不人道、不文明的，
反倒是一種「傳統」，有其不可違性。所以若要臺灣人迅速改變舊有的思想觀
念，深刻體認到纏足的弊害，並不是件容易的事，何況推動解纏足還有身爲
異民族的殖民者的助力在其中，要將統治者的舉措視爲良善，恐是囿於傳統

〔註139〕〈辮髮、假髮〉，《臺灣慣習記事》第貳卷三號，1902.3。臺灣慣習研究會原
　　　　著，臺灣省文獻委員會譯編：《臺灣慣習記事（中譯本）第貳卷上》（臺中：
　　　　臺灣省文獻委員會，1886.6），頁130。
〔註140〕台灣總督府警務局編，王洛林總監譯：《台灣抗日運動史》，頁1173～1174。
〔註141〕黃秀政、張勝彥、吳文星著：《臺灣史》，頁227～228。
〔註142〕台灣總督府警務局編，王洛林總監譯：《台灣抗日運動史》，頁1178。

的臺灣民眾難以做到的事，其間自然會產生質疑與反彈：

> 身穿白衫戴白帽
>
> 肩頭背銃手舉刀
>
> 大大細細都煩惱
>
> 煩惱 lio⁵ 腳做番婆〔註143〕

細究歌中詞意，這首歌謠應產生於總督府未強制女子放足之前。其中可見囿於傳統觀念，認定纏足是身分與教養的表徵，而對放足事甚為煩惱，且有放足將成為番婆的想法，無論「番」所指稱的實際對象是誰，皆有未開化、非文明之義，所以她們實將不文明的纏足之舉當成是文明的，放足這文明事反被她們視作不文明。因為她們認為放足即代表身分與教養的喪失，所以害怕與不願改變。

另一首歌謠也反映女子不願放足：

> 韮菜開花直溜溜
>
> 芹菜開花拍結毬
>
> 日本那會赫夭壽
>
> 叫人縛腳擱再擤〔註144〕

本首亦表達女子對解纏足的不認同，但與前首不同的是，本首歌謠所表現的是日本殖民政府已強制女子必須放足。所以在情緒反應上，本首更顯激烈，直斥日本的解纏足政策是「夭壽」的作為。由此可見女子解纏並非都是本身的意願，有些乃因命令所致，不得不然，所以才產生心理與言語上的反彈。

另有女子因解纏足初期不適應而咒罵日本殖民政府：

> 日本來徦遮夭壽
>
> 跤仔細細著來擤
>
> 踏著石頭痛唔唔
>
> 親像毛蟹跤趄趄〔註145〕

女子之足纏縛後會扭曲變形，解纏之後，雙腳不可能似未經纏縛的天然足般

〔註143〕胡萬川總編輯：《蘆竹鄉閩南語歌謠〈一〉》（桃園：桃縣文化局，1999.12），頁116；講述者：李傳芳。

〔註144〕胡萬川總編輯：《蘆竹鄉閩南語歌謠〈五〉》（桃園：桃縣文化局，2005.3），頁18；講述者：夏林近。擤：抽取，將裹腳布拆掉。

〔註145〕林錦賢總編輯：《宜蘭縣壯圍鄉囡仔歌老歌謠》（宜蘭：宜蘭縣壯圍鄉立圖書館，1999.6），頁16；講述者：李坤旺。趄趄：足不伸。

平直，以變形扭曲的雙腳走路，會感到疼痛，所以歌謠中才有「踏著石頭痛
咾咾，親像毛蟹跤趄趄」，形容走路疼痛、腳底無法伸直的情形。已經習慣纏
腳走路的女子，因為驟然解纏產生不適感，直接的情緒反應，即責罵強制解
纏的日本殖民政府。

二、斷　髮

有男子斷髮事，反映於歌謠中：

火車欲行行路枋
胡蠅變蜜蜂
土蚓變蜈蚣
大正五年鉸頭鬃
頭鬃鉸了了
順續設博繳
博繳有敗壞
食鴉片得掛牌〔註146〕

「大正五年鉸頭鬃，頭鬃鉸了了」指的應是總督府藉始政二十周年紀念日事
業所施的厲行斷髮，在這之後數月間，自動斷髮的風氣彌漫，所以歌謠中才
有大正五年鉸頭鬃之說，大正五年為風行斷髮的約略時間。這首歌謠僅對政
策之施行做一陳述，其中並未見民眾的情緒反應，但可知的是此事對民眾關
係重大，才會出現於歌謠中唱唸之。

三、放足與斷髮

下列這首歌謠，同時反映放足、斷髮政策：

男：荏懶查某真腌臢，
　　日本會議欲搝跤，
　　搝跤搝起繪行踏，
　　將心欲跳紫菜礁。

女：帽仔戴來佫即聳，
　　日本剪髮佫即重，

〔註146〕黃哲永總編輯：《東石鄉閩南語歌謠（二）》（嘉義：嘉縣文化局，1997.6），
　　　　頁146；講述者：柳沃世。路枋：枕木；敗壞：害處。

恁厝父母咧苦疼,

苦疼鱸鰻無頭鬃。〔註147〕

這是因殖民政府放足與斷髮政策,而引發男女之間互相譏笑的歌。因為女子在放足後,必須經歷一段重新學習走路的適應期,所以歌謠中的男子才取笑女子除去裹腳布不能行動,乾脆去跳紫菜礁一死了之。而女子則笑男子被剪掉辮子之後,只好戴帽子來遮醜,父母還因男子剪髮感到哀痛。

　　這首歌謠雖是以諧謔的口吻互相嘲笑,而非對殖民當局有所不滿,但由歌謠中,還是能夠觀察民眾對放足與斷髮兩事的觀感。根據吳文星的研究,在放足與斷髮形成風氣後,社會的中、上流階層多已紛紛接受變革,所不逮者唯少數極端保守之紳耆與一般民眾,且該活動是由社會中、上階層身先倡率而漸及於下層民眾〔註148〕。可見一般民眾並非放足與斷髮運動的先行者,是以就算民眾已按照殖民當局的意向解纏、斷髮,但傳統的價值觀念仍未完全轉變。由本首與前文所引的〈韭菜開花直溜溜〉這首歌謠中所表露的情感,即可見一般民眾的這種思想傾向。

第六節　鴉片漸禁政策

　　鴉片輸入臺灣,始自荷據時期,當時,荷蘭人將爪哇之鴉片輸入臺灣,又將其泰半轉運至閩粵一帶,用以交換絲綢、生絲等商品。惟因當時漢人移民初入臺地,大多生活簡樸,又能刻苦自勵,故鮮有染上吸食鴉片之惡習者。等到康熙中葉後,臺灣產業漸興,移民經濟日裕,奢侈之風因而滋長,鴉片在民間,也就逐漸成為一種普通的嗜好品了〔註149〕,所以吸食鴉片實為臺灣居民習染已久的惡習。

　　吸食鴉片時,精神恍惚、如眠如醉,令人產生難以忘懷的快感,因此成為無論貴賤上下的通行之品。吸食鴉片不但被當作個人的閒居嗜好,同時也是賓客酬酢、商家談判時的款待之物〔註150〕。但其實吸煙不但耗費金錢,且

〔註147〕洪敏聰著:《澎湖水調:澎湖的褒歌續集》,頁 289;講述者:王玉樹。聲:神氣;苦疼:哀聲嘆苦。

〔註148〕吳文星:〈日據時期臺灣社會領導階層與社會文化變遷——以放足斷髮運動為例〉,收錄於劉寧顏主編:《臺灣省文獻委員會慶祝成立四十週年紀念論文專輯》,頁 65、67。

〔註149〕參周明鴻:〈鴉片在臺灣〉,《臺灣風物》12 卷 2 期,1962.4,頁 10。

〔註150〕參〈鴉片烟吸食之風〉,《臺灣慣習記事》第肆卷第十二號,1904.8。臺灣慣

對人體傷害頗大，不僅不利體格發展，還造成煙毒的遺傳現象，形成國民健康的弱勢，對國力造成重大的影響。民間自光緒初年即傳佈俚謠〈鴉片歌〉，細述鴉片的毒害，唐景崧亦曾作戒煙詩〔註151〕，用意當然是要勸戒鴉片吸食者戒除吸煙陋習，一新臺灣的社會風氣。

當李鴻章與伊藤博文在馬關談判，李鴻章提及臺灣人有吸食鴉片的惡習時，伊藤博文曾信誓旦旦說日後必禁。但當日本真正統治臺灣後，關於禁煙問題，卻出現兩派不同的意見：一是嚴禁，一是漸禁。經考量後，總督府決意採時任內務省衛生局長後藤新平所建議的漸禁策，臺灣總督府到昭和十八（1943）年為止，儘管把臺灣鴉片令更改了五次，然都採漸禁政策。昭和十九（1944）年九月總督府中止了鴉片的製造，但鴉片專賣的終止，卻等到隔年六月十七日才實現〔註152〕，此時已是日本戰敗前夕。

因為鴉片漸禁策的實施，終日治結束，鴉片吸食問題一直沒有得到澈底的解決，鴉片吸食者也從未斷絕。反映這種現象，即是許多有關鴉片的歌謠產生，另外，尚有歌謠呈顯總督府的鴉片政策。以下分項論之。

一、鴉片專賣制度

總督府在鴉片問題上所以採漸禁策，乃因當時島內動亂尚未綏靖、民心不穩，為免引起吸食者的反彈，故採此策。此外，尚有其他的考量：以鴉片作為政府專賣，可賺取大量稅收，是一筆豐厚的財源；可利用鴉片專賣權來籠絡、控制臺灣人，使享有權益的臺人成其協力者，以供驅使。

漸禁策被冠上冠冕堂皇的理由施行，其根本是在變相鼓勵臺灣人繼續吸食鴉片，以充實總督府財源，當時有臺人，看不慣這種作為，遂起而倡議戒煙。明治三十一（1898）年到明治三十四（1901）年，不滿總督府實行鴉片專賣的臺灣人掀起如火如荼的戒煙運動，組織降筆會戒煙，在明治三十四（1901）年一年中經降筆會戒煙者就達三萬七千餘人，使這一年總督府的鴉片收入減少了一百四十三萬日圓之多，因為降筆會對日本殖民當局有強烈的不滿情緒，故被總督府下令予以取締〔註153〕。於此即得窺總督府漸禁策的本質。

習研究會原著，臺灣省文獻委員會譯編：《台灣慣習記事（中譯本）第肆卷下》（臺中：臺灣省文獻委員會，1889.9），頁269。
〔註151〕井出季和太著，郭輝編譯：《日據下之臺政》，頁34。
〔註152〕黃昭堂著，黃英哲譯：《台灣總督府》（臺北：前衛，2002.5），頁85。
〔註153〕安然著：《台灣民眾抗日史》，頁178。

　　由於總督府在漸禁策下將鴉片收為國有專賣事業，所以當時歌謠中就有言日本出產鴉片：

　　　　嗟槳醒！

　　　　內山出瓜笠，

　　　　瓜笠出來大細頂；

　　　　鳳山出龍眼，

　　　　龍眼食來眞正甘；

　　　　海底出烏蚶，

　　　　烏蚶食來眞臭羶；

　　　　日本出阿片，

　　　　阿片食來眞正濟；

　　　　妻娶去嫁，

　　　　子娶去賣，

　　　　灶君公，

　　　　奏玉帝，

　　　　玉帝起脆雷，

　　　　損死阿片槌。〔註154〕

這雖是童謠，卻也透露了一般人的思維。因鴉片製造與販賣全控制在總督府手中，才會產生「日本出阿片」，鴉片出於日本的想法，側面反映總督府壟斷鴉片買賣的情形。

　　底下這首歌謠，則可見鴉片專賣制度下，總督府將承銷與零售鴉片的權益下放給臺灣人的情形：

　　　　鴨江金順利

　　　　順和林仔耳

　　　　和順黑煙鬧

　　　　豐祥得剃頭

　　　　茂美周蒼浪

　　　　德馨矮仔逢

　　　　祥順林錦秀〔註155〕

〔註154〕李獻璋編著：《臺灣民間文學集》，頁214～215。

〔註155〕余燧賓主編：《基隆市民間文學采集（一）》（基隆：基市文化局，1999.6），

「和順黑煙鬧」的「和順」指的是店號,「黑煙」所指為鴉片,「鬧」之全名為詹鬧,當時日人發了一支鴉片牌給他,因此暖暖僅此一家得以販賣鴉片。〔註156〕

二、鴉片密吸者的取締與處罰

明治三十(1897)年一月頒布的「臺灣鴉片令」中,禁止一般人民吸食鴉片,除非經醫師證明而領有鴉片鑑札(吸食證)者,才能向鴉片特許商人購買及吸食官製煙膏,鴉片吸食係採特許制。明治三十七(1904)年三月公布的犯罪既決例中,規定對於違犯煙禁者,概處以笞刑或罰金刑〔註157〕。下列歌謠呈現鴉片吸食特許制下,密吸鴉片者遭取締與處罰情事:

> 鴉片食來腳曲曲
> 日本掠去龍蝦捆
> 親成朋友來看真見笑
> 鴉片癮著是直條條〔註158〕

> 鴉片猴來鴉片猴
> 鴉片食了半暝後
> 大人掠去縛馬後
> 去到菜園亂亂哭
> 明仔載攔來看
> 麼是鴉片猴〔註159〕

這兩首歌謠中的鴉片密吸者或被施以龍蝦捆〔註160〕,或被抓去縛馬後。苗栗

頁 12;講述者:柯炳衡。

〔註156〕同前註,頁 14。

〔註157〕井出季和太著,郭輝編譯:《日據下之臺政》,頁 318。

〔註158〕胡萬川總編輯:《大安鄉閩南語歌謠》(臺中:中縣文化局,1999.6),頁 158;講述者:吳深山。親成:親戚;直條條:形容人煙癮發作無法動彈。

〔註159〕胡萬川總編輯:《石岡鄉閩南語歌謠(二)》(臺中:中縣文化局,1993.6),頁 158;講述者:吳陳盡。鴉片猴:吸食鴉片久了之後,人會消瘦似猴子一樣,故名之;明仔載:明天。

〔註160〕龍蝦捆(ㄐ)為日本時代的一種酷刑,把犯人架著像龍蝦一樣,然後處刑,故稱之。因東港事件被捕之歐清石有〈獄中吟〉八首,其中一首即提及此種酷刑:「是緇是素不分明,一味糊塗逞毒刑;悍吏狼心兼狗肺,惡魔冷血本無情。雕雞灌水龍蝦捆,挾指飛機豹虎行;十八機關均受遍,嗚呼我幾喪殘生。」臺灣省文獻委員會主編,林熊祥主修,黃旺成纂修:《台灣省通志稿·革命志

縣耆老詹松丁在接受訪談時，曾提及日治時期私吸鴉片之事，他說當時鴉片配給是每星期領一次，每領一次約五元，但是卻可以讓想滿足煙癮者吸上幾十筒，而且吸一筒的黑市價錢達一元，當時做工三天才有一元，警察的月薪是十二元，以致當時家有塊「鴉片牌」，一家大小的衣食就可無缺，且過得比別人好〔註161〕。從有鴉片黑市交易來看，密吸者必有一定的人數，否則這種生意哪能做得下去。於此可見吸食特許制並無法有效控制鴉片吸食者的數量，也可知總督府的漸禁策根本不是真心要解決臺灣人的鴉片吸食問題，只是出於利益考量下的方便行事。

三、鴉片吸食之風未歇

日治時期許多歌謠談及鴉片，這絕非偶然，正可見鴉片吸食者有一定人數。尤其歌謠中帶規勸意味者甚多，這顯現沉迷鴉片帶來嚴重的社會、家庭問題，才於歌謠中細數鴉片之害而寄寓勸誡意。

在這類勸誡歌謠中，有敘述因吸食鴉片而致傾家蕩產者：

　　竹仔街彫弓箭，

　　彫來親堂兄，

　　親堂兄出螃蟹。

　　螃蟹食來真好食；

　　二府口出木屐，

　　木屐削來真好穿；

　　公館口飼加鴒，

　　加鴒飼來會講話；

　　十三鋪拍綿被，

　　綿被蓋來真正燒；

　　消壠出弓蕉，

　　弓蕉食來粉〃〃；

　　關帝廟出竹筍，

抗日篇》，頁124。

〔註161〕何來美等著：《鄉賢談歷史》（苗栗：苗縣文化局，1996.3），頁324。桃園縣耆老張瑞也有類似的回憶，他說：「當時經濟不佳，牌發下來就領鴉片煙存起來，賣給一些沒牌照的人。」戴寶村計畫主持，曾秋美、賴信真訪談整理：《口述歷史：說古道今話桃園》（桃園：桃縣文化局，2000.12），頁142。

　　　　竹筍食來眞是清；

　　　　番仔出牛奶，

　　　　牛奶食來眞臭羶；

　　　　番仔出阿片，

　　　　阿片食來離忠厚；

　　　　親成朋友斷路，

　　　　妻子也不顧，

　　　　見着雞就想掠，

　　　　見着人就著僻，

　　　　見着蕃薯芋仔下力挖。〔註162〕

這首歌謠除讓兒童增長知識，知曉地方物產的效用與滋味，還在講述鴉片帶來
的毒害。如歌中所述，鴉片癮者終日沉迷於鴉片煙中，不但因此與親友斷絕往
來，也不顧念妻子，甚且因欠缺買煙錢做出偷盜行為，已完全喪失原有的忠厚
本性，可見鴉片確是斲喪人心的歹物。明治二十九（1896）年「鴉片事項調查
書」中「一八自宅吸烟者及其眷屬染成習癖之實況」項寫到：「貧民之家，有嗜
烟之極，竟不顧其妻女之死活者，其慘不忍睹，其悲不忍言。為遂其吸烟之慾
願，竟淪為匪徒、盜賊或乞丐，皆無不出之於此類者也。」〔註163〕故歌謠反映
確為社會之實象。

　　另有歌謠講述吸煙對身體的傷害：

　　　　朱蘭開花能合蕊，

　　　　阿片食癮成餓鬼，

　　　　二蕊目睭烏蕊蕊，

　　　　一個胸前成樓梯。〔註164〕

「二蕊目睭烏蕊蕊，一個胸前成樓梯」生動描畫鴉片癮者眼眶暗黑、身形乾
瘦的病容。

　　除以上兩首刊載於日治時期所出版書籍的歌謠，戰後在彰化地區所采錄
的另一首歌謠，也描述日治時期鴉片癮者無法自拔，以致身體羸弱、家產散
盡、親情斷絕的慘狀，較前兩首歌謠鋪陳的更加詳細：

〔註162〕李獻璋編著：《臺灣民間文學集》，頁215。

〔註163〕程大學、許錫專編譯：《日據初期之鴉片政策（附錄保甲制度）》，頁136。

〔註164〕片岡巖撰，陳金田譯：《臺灣風俗誌》（臺北：眾文圖書，1987.3），頁277。

講起清朝的明君

五穀豐收是好年巡

外邦各國來歸順

巡備坐天換到道光君

道光坐天天下亂

清朝出有洪秀全

這陣長年咧造反

外國進菸在中原

清朝烏菸是大禮

菸盤敬落大家躺

一人一缽點咧ㄙㄝˋ

吃菸講話是配燒茶

一拖捉著幾落個

烏菸吃來腳蹺蹺

日本捉去龍蝦刁

傢俬雜物嘛敗了了

驚無通燒母驚餓

烏菸吃著失打算

歸日吃飽顧眠床

一頓無燒就腳手軟

倒落眠床哼ㄍㄚˋ光

煞著賣田擱賣園

烏菸吃著眞母好

田園厝地嘛續無

人情世事若齊到

親戚朋友得煞絕交

烏菸吃著眞僥倖

每日吃飽顧瘋癲

欲吃無賺眞慘正

淒慘無人通贊成

> 烏菸吃著眞淒慘
> 欠穿麻衫像孝男
> 一頓無吃得酣酣酣
> 目晭親像咧打大潭
> 烏菸吃著歸日睏
> 親像羅漢四界ㄨㄣ
> 欲吃毋賺變羅漢
> 欲做頭路嘛眞重難
> 彼陣愛吃無愛賺
> 甘願褲帶繫卡緊
> 烏菸吃著眞正壞
> 是年過節也毋知
> 不時守在眠床內
> 親像死人也未埋
> 烏菸吃著眞歹命
> 講著吃菸通人驚
> 變做沒某也沒子
> 無朋友嘛無親戚
> 這條死路著愛行〔註165〕

歌謠刻畫吸煙者沉溺鴉片無法自拔的情狀，勸世意味濃厚。歌謠中的鴉片癮者就算被日本統治者施以「龍蝦弓」的酷刑，就算家產散盡，就算與戚友斷交，就算妻離子散，就算挨餓，還是執迷不悟，每天渾噩度日，不顧家中生計，過著猶如行屍走肉的生活。明知吸煙是死路一條，但因無力自拔，故還是一步步地往這條路上走去。雖然歌謠未正面勸人不要吸食鴉片，但從反面講述吸食鴉片的弊害，也能令人知所警惕，達到勸誡的目的。

除上述勸誡歌謠，下列這兩首歌謠也提及鴉片：

〔註165〕林松源主編：《彰化縣民間文學集 13【溪湖埔鹽區】》（彰化：彰縣文化局，1999.9），頁172～175；講述者：周劉玉。民國八十八年講述者接受採訪時，年八十三，若按其言此歌謠爲其十一、二歲時所學，則本首歌謠當於日治時期流傳者。僥倖：糟糕；打大潭：眼睛疲勞，淚流不止的樣子；眞重難：非常困難。

枇杷開花子是黃，

煙盤排落床中央，

哥若要食娘來裝，

阮今蓮花泡冰糖。〔註166〕

大頭員外，

打死無尋，

一冥著蓋被；

蓋刣燒，

大頭的愛食弓蕉。

弓蕉一下冷，

愛食龍眼。

龍眼一下甜，

愛食牛奶。

牛奶一箇饘，

愛食阿片。

阿片吸一下乾，

愛食屎胮。〔註167〕

歌謠雖然沒有警世意涵，但可觀察出在漸禁策下，鴉片吸食之風未歇，因此歌謠中才仍提及此物。

　　漸禁策持續實施，使臺灣人無法真正斷絕吸食鴉片的惡習，有識之士遂發出不滿之聲。懶雲（賴和）〈阿芙蓉〉詩，即控訴了總督府的漸禁策：

……

臺灣沾染更成俗，

卻憶前年割讓時，

曾將處置苦當局，

疇司民政日後藤，

創成良策世稱能，

非止漸禁民忘苦，

〔註166〕片岡巖撰，陳金田譯：《臺灣風俗誌》，頁277。

〔註167〕李獻璋編著：《臺灣民間文學集》，頁222。

政府財源亦倍增，

餘毒沉淪多黑籍，

愚民密吸翻成癖，

或遇偵查破案時，

鬼新株送累千百。〔註168〕

詩中談到漸禁策只是政府用來開闢財源的手段，而且還造成許多未領有吸食
許可的鴉片密吸者，所以漸禁策並未能徹底解決臺灣人吸食鴉片的問題。大
正十四（1925）年二月十一日，於日內瓦成立第一鴉片公約，為履行條約，
總督府被迫修改法令，於昭和三（1928）年十二月公布修正後的鴉片令。根
據新法，只有以前領有牌照的人才能繼續配給鴉片煙膏，一般人絕對禁止吸
食，如有違反，一律嚴懲。但基於人道考量，中毒已深的吸食者可以特准吸
食或申請接受矯正治療。隔年年底，總督府警務局長石井保發表「新特許方
針聲明書」，表示：「凡經調查為修正令施行前之癮者，因不得已而吸食者，
予以特許。」這使臺灣民眾黨深感不滿，認為鴉片中毒者都應強制接受矯正
治療，因此向臺灣總督府警務局長遞交〈台灣民眾黨反對警務局長「漸禁」
鴉片聲明抗議文〉〔註169〕。當要求被駁回後，蔣渭水在昭和五（1930）年電
告國際聯盟本部，於是國際聯盟派遣遠東鴉片問題調查委員來到臺灣，進行
實地調查，調查行動從二月十九日持續到三月二日。當年四月，新民會還發
行以日文書寫的「臺灣鴉片問題」小刊物，批評日本政府使用殺人不見血的
陰毒虐政，反對其鴉片漸禁政策。為因應國際聯盟派遣委員調查臺灣的鴉片
抽吸情形，日本統治當局不得不在當年一月十五日成立「臺北更生院」以治
療鴉片癮者〔註170〕。總督府原本計畫能在佔領臺灣滿五十年時，將鴉片中毒
者完全杜絕，但基於財政因素及太平洋戰爭末期所造成的混亂局面，這個目
標並未達成。戰後，臺北更生院改稱臺灣省立戒煙所，由杜聰明擔任院長，

〔註168〕懶雲：〈阿芙蓉〉，《臺灣民報》第二卷第廿三號，大正 13（1924）.11.11，21
版。

〔註169〕抗議文內容可參王曉波編：《新編台胞抗日文獻選》（臺北：海峽學術，
1998.11），頁 203～205。

〔註170〕參吉田莊人著，彤雲譯：《從人物看台灣百年史》（臺北：武陵，1995.2），頁
61～62；莊永明著：《臺灣醫療史：以臺大醫院為主軸》（臺北：遠流，1998.6），
頁 223、227；黃師樵：〈日據時期毒害臺胞的鴉片政策〉，《臺灣文獻》26 卷
2 期，1975.6，頁 140。

繼續中斷的矯正治療工作。一年後，鴉片中毒者才完全銷聲匿跡〔註171〕。

第七節　小　結

　　雖然日本據臺初期宣稱採無方針政策來治理臺灣，基本上尊重臺灣舊有的風俗習慣，但其實「台灣原有舊慣之所以被日本政府保存下來，並非純然出於對台灣人的尊重，舊慣的維持或廢除，端視何者對日本統治較有利。」〔註172〕是以日人所推行之殖民政策與制度，均以求自身最大利益為出發點，而不在為被殖民者謀福利，在殖民者私心作祟下，臺灣人之權益往往被罔顧與犧牲，若臺灣人因殖民政策或制度得到某些好處，這也絕非殖民者的本意。

　　在與臺灣總督府鎮壓、招降抗日勢力有關的歌謠中，看出日治初期最早是以憲兵為主力來對付抗日分子，以及採行利誘手段促使一般民眾檢舉之。在有關陳秋菊的歌謠中，除反映兒玉源太郎採取的招降政策，另可觀察到招降政策確有成功之處，因它掌握了人類最基本的需求——生理需求，是以陳秋菊樟腦事業中的腦丁均滿足於安定的生活，稱頌陳秋菊，對其歸降是否有失節之嫌，根本毫不在意。從描寫簡大獅抗日的〈士林土匪仔歌〉中，則見日治初期抗日分子抗日、歸降、復叛、被殲滅的過程，亦反映了兒玉源太郎消弭反抗勢力所採的鎮撫並行手段。由歌謠中民眾對總督平定「匪賊」的稱頌，可知在抗日分子欠缺資費，轉而向民眾劫掠、勒索後，民眾對其所懷抱的惡感，再加上總督府討伐政策的改易，不再採不分良莠一律屠戮的政策，使民心逐漸轉向，總督府平定匪賊，使民眾享有安全的生活，滿足民眾對安全的需求，故一般民眾對總督這項作為大表贊同，深懷感激意。

　　將臺灣人納入保甲制度，日本殖民政府可輕易收到箝制與剝削之效。歌謠中反映殖民政府利用保甲制度動員保甲民為役夫的情形，也對保甲的靈魂人物——保正的形象多所呈現，從中可見保正身為保甲權威者的角色，亦得窺某些臺灣人保正的卑劣本質，以及扭曲的心靈。另外，歌謠中也顯露臺灣人被納入保甲制度所出現的不滿情緒，這乃源於保甲規約將諸多義務、約束加諸臺灣人身上，使臺灣人深感不自由與被壓迫，才有此情緒出現。

　　保甲制度與警察政治，均是在對付抗日勢力中發展起來的。總督府賦予

〔註171〕參吉田莊人著，彤雲譯：《從人物看台灣百年史》，頁79。
〔註172〕王泰升著：《台灣日治時期的法律改革》（臺北：聯經，1999.4），頁105。

警察極大的統治權力，加上警察密度之高，爲人民最直接面對的統治者，使得警察成爲日治時代人民最常控訴的統治對象。好的日本人警察不能說沒有，但從歌謠中顯露的警察形象，不是橫暴，就是貪婪，即可見殖民地警察在民眾心中的印象是如何的了。因爲警察橫暴，歌謠中也流露民眾對警察的懼怕心理，可見日人採行嚴酷的警察政治，對臺灣人的生、心理造成何等的殘害！

日語政策爲總督府同化事業中相當重要的一項。在總督府推行日語此既定政策下，臺灣人爲能快速有效學得日語，遂有日語學習歌的產生以助學習。此外，亦有歌謠反映皇民化運動時期國語常用家庭的設置。這些均見殖民政府著力推行日語與獎勵使用日語之政策。

纏足爲臺灣沿襲已久的習慣，歌謠中反映臺灣女子在統治者更迭之後，擔憂新統治者改變這種習慣的心情；一九一○年代，總督府開始強制解纏足，歌謠也呈現殖民當局強制解纏下，女子激烈的情緒反應，可見女子解纏並非都出自本身意願，有些乃因政策使然，不得不爲。而由歌謠中男女互以放足與斷髮事相戲謔，可知外表的改變先於心理上對新觀念的接受，因爲一般民眾並非放足與斷髮運動的先行者，就算已按照殖民當局的規定解纏、斷髮，但傳統的價值觀尚未完全轉變，歌謠中，表露了一般民眾的這種思想傾向。

據臺後總督府爲收統治之方便與經濟之利益，在鴉片問題上採漸禁策，使臺灣人繼續沉迷於鴉片煙癮中。歌謠呈現當時總督府所行的鴉片專賣制度、對密吸者的取締與處罰，而由當時許多歌謠均提及鴉片來看，可見漸禁策並不能有效杜絕臺灣人吸食鴉片的風氣，也因此有陳述鴉片毒害，及勸誡勿吸食鴉片的歌謠出現。

章中這些歌謠不但呈現日治時期總督府所施行的殖民政策與制度，也透露了民眾對這些政策的觀感與依違。惡法、惡制得到民眾的否定是理所當然的，但像放足、斷髮，由於民眾囿於傳統觀念，竟也未抱持肯定的態度。經由這些歌謠，歷史的陳述或詮釋，不再全然掌握在知識分子手上，這些教育程度較爲低下甚或不文的臺灣民眾，也透過歌謠傳唱構築了他們所經歷過的日治時代的這段歷史，並訴說其心路歷程。

第四章　歌謠中展示的社會現代化

　　日治時期，臺灣社會型態產生重大的變遷，由農業爲主的傳統社會逐漸轉型爲現代化社會。所謂現代化「是朝向某一類型的社會、經濟及政治制度的演變歷程。這一類型的制度是從十七到十九世紀在西歐和北美形成，而後傳入其他歐洲國家，並在十九、二十世紀傳入南美洲、亞洲和非洲。」〔註1〕簡言之，現代化（modernization）即是朝向十七世紀以來的西方社會型態發展。在大多數亞洲和非洲社會裏，現代化是在殖民的架構下開始的〔註2〕，臺灣社會的現代化，恰是遵循這種軌跡，是在早一步西方化的日本帝國殖民下，才開始現代化的發展，因此臺灣之現代化可說是一間接接受的過程，這種現代化已經經過日本融合與改良了。臺灣現代化是在被殖民情境下發生的，這意味現代化非社會發展過程中自然產生，而是在總督府施政主導下促成的改變。林呈祿即言：

> 一般人以爲物質生活的提升表示精神生活也應該相對地提升，但是吾所處的臺灣，事實上並非如此。也就是臺灣的物質進步是以內地人爲中心的進步，以日本本國爲中心的經濟政策。臺灣島民只是在特別事情的關係上，受到剩餘的恩惠而已。亦即並非是由島民本位或是島民本身的努力，來促成其進步。換句話說，是與島民精神進步無關的跛腳的進步。〔註3〕

〔註1〕 艾森斯達（S.N.Eisenstadt）著，嚴伯英、江勇振譯：《現代化：抗拒與變遷》
　　　　（臺北：黎明，1979.9），頁1。
〔註2〕 同前註，頁2。
〔註3〕 林呈祿：〈處在新時代臺灣青年的覺悟〉，黃頌顯編譯：《林呈祿選集》（臺北：

　　殖民地臺灣擁有鉅大的經濟利益，為讓臺灣資源能充分地開發、利用，殖民當局才在臺展開現代化建設。雖然清代劉銘傳主政時，就展開鐵路、電信等現代化建設，以及創辦西學堂、電報學堂等新式教育，使臺灣成為當時中國最現代化的省分，唯政去人息，繼任臺灣巡撫的邵友濂在財政困難的窘境下，採取緊縮新政的政策，遂使臺灣的現代化事業無法持續下去。

　　由日本殖民者帶來的西方現代化，不僅表現在物質建設的模仿西洋科學技術、利用近代機器從事殖產興業，也包含西洋典章制度的施用。在物質、制度更新改易下，臺灣人生活習慣也隨之改變，伴隨新生活方式出現的是新的思想觀念，所以日治時期也形成了與前清迥異的社會風氣。因此，臺灣社會的現代化，不僅表現在物質、制度上，也表現在精神方面。

　　臺灣社會在總督府政策主導下邁向現代化，但這並不表示臺灣社會的現代化變身在一瞬間即告完成。臺灣明顯現代化的開端，是在兒玉、後藤體制時的明治三十八（1905）年左右，當時引進了日本資本主義，並開始各項基礎工事的建設〔註4〕。有歌謠可為臺灣初展開現代化建設，氣象一新之證：

　　　　近來看見百項新，機器好用果是真；

　　　　大家衣食有所靠，都由總督費心神。〔註5〕

「總督」所指為兒玉源太郎。對日治初期許多臺灣人來說，現代化建設與產物絕對是陌生的、新奇的，當目睹這些西方現代文明，自然充滿「百項新」的驚歎；工業文明中產生的自動化機器，比起傳統的人工作業，不消說是便利許多，故也生出「機器好用」的讚詞。雖因三、四句的稱讚總督言語，而使本歌謠被視為偽作〔註6〕，但歌謠中所呈現的倒真是兒玉、後藤體制時臺灣社會開始蛻變的新氣象。明治四十四（1911）年，英國駐淡水領事馬偕指出臺灣社會在一些城市和港口地區已出現急劇的變遷，但鄉村居民仍一如往昔過著舊式的生活，舊傳統、習俗及制度仍維持不變〔註7〕。而據陳紹馨的研究，在清代所形成的臺灣俗民社會，在一九二〇年代後現代化了，交通發

　　　　海峽學術，2006.4），頁3。
〔註4〕　參楊碧川：《日據時代台灣人反抗史》（臺北：稻鄉，1996.6），頁18。
〔註5〕　〈民心動向の變化〉，《臺灣慣習記事》第四卷第十一號，1904.11，頁82。
〔註6〕　王順隆：〈談臺閩「歌仔冊」的出版概況〉，《臺灣風物》43卷3期，1993.9，頁125。
〔註7〕　參陳美蓉、高玉似記錄：〈第六十七次林本源中華文化教育基金會臺灣研究研討會會議記錄主題：日據初期（1895～1910）西人的臺灣觀〉，《臺灣風物》40卷1期，1990.3，頁167。

達，人民的流動性增高，從此之後封閉性、自足性的社會漸變爲開放性、流動性的社會。表現在民眾生活習慣方面的改易，則是人民的態度開始改變，漸願意採取各種新生活方式。漸多用機械（腳踏車、汽車之類），西醫的人數超過中醫，初等教育也漸普及〔註8〕。

　　由於現代化，臺灣社會不再是往昔封閉的型態，一個開放社會必然會受到外在情勢的影響，此外在所指爲非本國因素，發生於一九一〇年代中後期的一次大戰即影響了當時臺灣的經濟景氣。一次大戰，日本雖以日英同盟的理由向德國宣戰，但因戰場以歐洲爲主，並未直接受到波及，相反的，西歐列強因爲忙於戰爭，根本無暇顧及中國與亞洲市場，造成了大戰期間，這些地方的市場幾乎全數爲日本獨佔，臺灣也連帶成爲這一波戰爭景氣的受益者。歌謠中對當時臺灣景氣大好的景況即有所反映：

> 大正八年景氣好
>
> 花間查某是滿街趖
>
> 有錢通開都就好
>
> 毋驚查某生癲癇
>
> ……。〔註9〕

「大正八年景氣好」直陳大正八（1919）年左右臺灣島上景氣甚好的情況。景氣繁榮，人們可支配的金錢變多，在飽暖思淫欲下，色情行業隨之而興。只是景氣大好的榮景並沒有持續多久，一次戰後，日本開始面臨所謂的「戰後恐慌」，長時期依賴海外市場的貿易收支，因西方各國生產力回復而轉爲入超。臺灣亦受世界經濟情勢之影響發生經濟恐慌，經營證券金融生意者多失敗，因此當時民間有一句話說：「給豬咬著（給株咬著）。」〔註10〕由臺灣的開放性，與世界脈動息息相關來看，臺灣的確已漸轉型爲現代化社會了。

　　雖然臺灣社會在一九二〇年代後現代化了，但這種現代化並非全面發生在臺灣島上，現代化的程度在都市與鄉村間是有相當落差的。基本上，鄉村受影響最少，因爲殖民政府引以爲傲的道路、水道和醫院之利，廣大的鄉村

〔註8〕陳紹馨：《臺灣的人口變遷與社會變遷》（臺北：聯經，1985.9），頁104、122、487。

〔註9〕胡萬川總編輯：《蘆竹鄉閩南語歌謠〈一〉》（桃園：桃縣文化局，1999.12），頁192；講述者：徐慶文。趖：行慢也。

〔註10〕王世慶：〈黃旺成先生訪問記錄〉，黃富三、陳俐甫編：《近現代臺灣口述歷史》（臺北：林本源基金會，1991.7），頁86。日人稱證券爲「株」，閩南音「株」與「豬」同音，經營證券失敗虧本，乃稱「給豬咬著」。

地區很少享受到。而且鄉村地區國民學校非常稀少，即使有學校，設備也不
如市鎮學校那麼好〔註 11〕。無疑的，都市享有較多與較佳的現代化物質建
設，且因交通發達，資訊傳播方便，所以民眾觀念容易轉變，造成新的社會
風氣首先在都市流行的現象。雖然現代化的程度有城鄉之間的差異，但無可
諱言的，臺灣在日治時期還是具備現代化社會的型態了。

　　社會現代化，使民眾習慣改變，與採用新的生活方式，這種新生活方式
自然地成為歌謠的新主題。社會是由民眾所構成的，從民眾唱誦的歌謠回
溯，當能觀察日治時期臺灣社會現代化的情形，現代化對臺灣社會、民眾所
產生的影響，民眾用何種眼光與心情來看待與迎接現代化的到來，以及當時
有那些新的思想行為、社會風氣在臺灣島上瀰漫。如前所述，社會現代化主
要表現在物質、制度與精神的改變上，所以章中將依此三項分為三節，俾對
歌謠中所反映的前述問題有系統性的認識與了解。

第一節　物質現代化

一、交　通

（一）民眾接觸現代化交通設施的反應

　　日治時期臺灣交通建設，有了劃時代的長足進步。臺灣交通現代化，雖
肇始於劉銘傳任職臺灣巡撫時期，唯規模不大，臺灣交通建設全面現代化是
在日治時期，也是從日治時期開始，大部分臺灣人才得享交通建設所帶來的
便捷。當時大多數臺灣人從未目睹過這些現代化交通設施，當這些新式交通
建設闖進他們生活之中，面對過往生活裡從未經驗過的新奇事物，想當然
爾，必是充滿了驚訝與好奇，臺灣人與西方科技文明初接觸時的反應即曾表
露於歌謠中：

　　　　人插花
　　　　你插草
　　　　人抱嬰
　　　　你抱狗

〔註 11〕E. Patricia Tsurum 著，林正芳譯：〈日本教育和台灣人的生活〉，《臺灣風物》
　　　　47 卷 1 期，1997.3，頁 55～56。

人睏紅眠床

你睏屎ㄏㄚ˪ㄍ｜仔口

人坐轎

你坐匏栳

半天造銅橋

地下量寸尺

田蛉滿天飛

半壁講鬼話

有厝無人企

有米無人吃

銅蛇排路

大蛇吐煙

烏龜ㄋㄥ˪入山

有聽聲無看影〔註12〕

歌謠與現代化有關的係「半天造銅橋」底下幾句，這全在描寫總督府從事的現代化交通建設。因為臺灣人對這些新式交通建設陌生，在心中就萌生了看似可笑卻又極為貼切的聯想，民眾用生活中存在的舊經驗來形容與比況這些新物事，或以恰如其分的言詞來表達他們的感受：牽電線被當成在半天中造了銅橋；測量土地埋設管線，被說成在地下量尺寸；天空飛翔的飛機，外形與田蛉（蜻蜓）相似，故被比喻為蜻蜓；對初見識電話〔註13〕的臺灣人來說，

〔註12〕林松源主編：《彰化縣民間文學集 11【田中區 1】》（彰化：彰縣文化局，1999.9），頁 44；講述者：謝也當。此歌謠為講述者十歲左右，在家鄉聽長者說故事學得。以講述者在本民間文學集出版時註明為八十二歲來看，則這首歌謠應為日治時期流傳者。屎「ㄏㄚ˪ㄍ｜」：一般作「礐」；匏栳：檳榔葉葉柄外皮部分，此指日治時代的人力車。

〔註13〕臺灣電話之裝設始於明治三十（1897）年三月，最初裝置電話之地區，是在離島的澎湖地區，當時裝設了守備隊各部隊間，及澎湖郵局與媽宮西嶼燈塔間的電話。到明治三十三（1900）年三月，公布「臺灣總督府電話局組織規程」。四月，訂定「臺灣電話接線規則」。同時於臺北、臺中、臺南設電話局，基隆、斗六設支局，七月開始電話業務。當時全臺灣電話裝設者，不過四百三十一人（全部為日本人），至昭和九（1934）年，達一萬六千一百六十四人（包括臺灣人五千零六十一人）。當初，市外可通電話之地域，僅臺北到基隆之間而已。但至昭和三（1928）年四月，各主要都市間之聯絡電話回線，已大致完成。參井出季和太著，郭輝編譯：《日據下之臺政》（臺北：海峽學術，

這是玄妙、不可思議的器具，單憑電話機及電線，彼此之間就能通話，當然猶如半壁講鬼話。清代時，鐵路僅從基隆鋪設到新竹，光緒十五（1889）年，第一段鐵路完成，第一個火車頭「騰雲號」開始行駛，當時許多臺民驚恐萬分，認為火車是黑色妖馬，鐵軌是兩道妖劍，會傷地靈，紛紛備三牲，焚香向火車膜拜，請這「妖怪」不要傷人傷地靈〔註14〕，斯時臺人民智未開，根本不了解火車為何物，當看到此龐然大物在鐵軌上轟隆前進，強烈的恐懼感油然而生。雖然鐵路在清代已經鋪設，但僅從基隆到新竹，大部分臺灣人根本沒有機會目睹這項文明建設，就算居住在鐵路經過地區的民眾，也未必見過火車。到日治時期，鐵道、火車畢竟在臺灣出現一段時間了，民眾在親睹之前或許早已耳聞，加上時代進步，民眾智識漸開，故已不復出現前清時的恐懼感，但初見的新奇感覺還是有的，故將火車行駛在鐵軌上，形容為排在路上的銅蛇游移，又臺灣早期為蒸氣火車，開動時蒸氣冒出，就如同大蛇吐煙般。出生於明治三十一（1898）年的苗栗縣耆老黃運金，其童年有兩件印象最深刻的事，之一為他六歲那年，剛好山線火車通車至苗栗，當天他跟他的「阿太」（曾祖母）與姑婆走了兩個多小時的路去看火車，回家途中並拍了張照片〔註15〕。雖然他未談及對火車的第一印象與感覺，但由這段經歷，即知火車對當時臺灣人的新奇感與吸引力。又路上穿梭的轎車，其形如烏龜，駛入隧道時，彷彿烏龜鑽入山。「有聽聲無看影」則是指經由廣播〔註16〕可聽到聲音，卻看不見講話人的身影〔註17〕。經由這些形容與譬況，可以想像臺灣人當初是以何等驚訝、新奇的目光與心態來看待這些西洋現代文明產物。

下列這首歌謠同樣顯現臺灣人初面對新式交通設施的反應：

2003.11），頁 94、1012。

〔註14〕參邱秀芷：《番薯的故事》（臺北：中央日報出版部，1989.7），頁 116。

〔註15〕參何來美等著：《鄉賢談歷史》（苗栗：苗縣文化局，1996.3），頁 101。

〔註16〕臺灣電臺廣播之伊始，為大正十四（1925）年六月祝賀始政三十周年紀念，在臺北舉辦展覽會之際，以實驗性在會場一隅試播。昭和三（1928）年十一月，開始一公里內之廣播，嗣後進行十公里廣播之設施。新廣播之設施完成於昭和六（1931）年二月，新創立臺灣放送協會，肆後有關廣播之一切事宜，均移交該協會處理。田中一二著，李朝熙譯：《臺北市史 —— 昭和六年》（臺北：臺北市文獻委員會，1998.6），頁 292。

〔註17〕對本歌謠之解釋，參林松源主編：《彰化縣民間文學集 11【田中區 1】》，頁 45。

路頭出有紅金瓜，路尾出有銅線桿，

銅線會吼膾講話，牽像戇人唸戇話。〔註18〕

日治時期電話線在連接通訊時，會發出吵雜的聲響，用耳朵貼在電話線桿上，還能隱約聽到通話內容，但因聲音不明確，加上通話內容，非通話者本身根本難以了解，所以就認為是傻瓜在說傻話〔註19〕。

日本殖民者引進的現代化交通建設，帶領臺灣民眾領受前所未有的新奇經歷。劉姥姥，無數個臺灣的劉姥姥，就進入了殖民者所構築的新奇又新鮮的大觀園中，領略西洋科技文明的魔力。

（二）現代化交通設施展現

1. 電　燈

電燈所表現者乃現代化交通建設中的電力建設，電燈乃「開啟『電力應用』新紀元的先鋒」〔註20〕。其實臺灣最早裝設電燈不在日治時期，而是在劉銘傳時代。劉銘傳在光緒十一（1885）年修築臺北城牆時，就為自己的行轅安裝電燈，之後並稍加擴大到城內地區主要街道，只是幾個月下來後，發現幾盞電燈所費不貲，於是縮小規模，只剩下衙門部分電燈仍繼續使用。對倚靠傳統照明工具的臺灣民眾來說，電燈是項新奇的事物，所以吸引了不少人來參觀，不少北部外縣市如新竹、桃園的民眾特地搭火車前來，馬偕博士亦曾帶學生到城內參觀〔註21〕。

明治三十一（1898）年二月，臺灣總督府製藥所由於生產製程及照明需要用到電力，於是製藥所內有一臺發電機，提供所內六十盞電燈及戶外五盞路燈的照明之用。因為製藥所位於臺北城近郊，故也提供總督府、長官官邸的照明。從明治三十一（1898）年到明治三十八（1905）年，臺北城對製藥所的依賴有增無減，漸上軌道的服務品質，讓夜晚的臺北城頗有小上海不夜城的雅緻風情。一旦停電，則整個臺北市瞬間一片黑暗，這時臺北醫院護士必須忙著尋找油燈和蠟燭，但因早已習慣電燈的關係，生澀的動作反映出當

〔註18〕 洪敏聰著：《澎湖水調：澎湖的褒歌續集》（澎湖：澎縣文化局，2003.8），頁189；講述者：許佛求。銅線桿：電線桿。

〔註19〕 同前註，頁189。

〔註20〕 吳政憲：〈繁星點點：近代臺灣電燈發展（1895～1945）〉，收錄於中央圖書館臺灣分館編：《全國博碩士臺灣研究論文發表會資料彙編》（臺北：國立中央圖書館臺灣分館，1999.8），頁88～89。

〔註21〕 參吳政憲作：《臺灣來電》（臺北：向日葵文化，2005.2），頁20～23。

時人對電力的依賴。中南部的民眾聽說臺北有比劉銘傳時代更大的電燈，不少人專程北上參觀，且特別選在傍晚電燈啓動的時刻，中部地區的公學校更將製藥所列入畢業旅行的參觀行程。至於家用電燈的啓用，則始於明治三十八（1905）年八月廿四日傍晚，當時臺北府前街部分用戶家中電燈大放光明，這天爲臺灣一般家庭首次與電燈的邂逅，因爲劉銘傳雖然引進電燈，但並未開放民間申請，隔天，全區正式供電〔註22〕。

從明治三十八（1905）年到大正七（1917）年間，電燈數目呈現緩慢成長，大正八（1919）年，以「臺灣電力株式會社」之成立爲開端，很多民營電力公司也紛紛成立，彌補了臺灣電力株式會社無法供電的區域用電需求，許多用戶都在此期間初次感受到電燈的便利。民眾亦改變先前認爲會破壞風水與妨礙農業生產而反對設置發電所的態度，積極爭取電力建設，甚至在屢次申請電燈皆無法如願後，轉爲自行經營〔註23〕。於此可見民眾對電燈的歡迎與高接納度。

日治時期，電燈除照明此一實用用途，還被運用在裝飾與商業廣告上。明治三十八（1905）年六月的慶祝日本海軍打敗俄國波羅的海艦隊、明治四十（1907）年的臺灣神社例祭，均利用了大量電燈裝飾，令觀者頗有黑夜頓成白畫之感〔註24〕。大正四（1915）年十二月，福建省立甲種農業學校率員到臺訪察十二日，返閩之後，有三位學生寫出這趟遊臺的經歷與見聞，三位之中的邱文鸞與劉範徵都注意到臺地令人目眩神迷的電燈裝飾廣告，就以邱文鸞的描述來看：

> 晚，又與一二知友遊大正街。至則牌坊輝煌，書「大正會聯合大賣出」八字，皆用電火嵌成。全街電光如織，光同白畫，爲全臺最繁盛之區也。……繼往公園……側立一牌坊，亦用電光嵌成「生血液」三字，且具各色，忽紅、忽綠、忽黃，忽白而綠、忽綠而紅。頂用電光嵌成商標，其電光倏變紅色如二條蚯蚓，沿兩邊而下；倏變綠色如長蛇，復沿二邊而上：連間不報。有趣哉！有趣哉！〔註25〕

〔註22〕同前註，頁30～34、53～54。
〔註23〕吳政憲：〈日治前期臺灣的電燈應用與社會變遷——以《臺灣日日新報》爲討論中心（1895～1937）〉，《歷史教育》創刊號，1997.6，頁108、115～116。
〔註24〕吳政憲：〈「油燈、瓦斯燈、電燈」——近代台灣照明工具之變遷（1860～1920）（下）〉，《臺灣風物》49卷1期，1999.3，頁43。
〔註25〕邱文鸞、劉範徵、謝鳴珂作，周永芳校釋：《臺灣旅行記校釋》（臺北：台灣

當時的臺北城不但繁華的街道燈火通明，還有電燈裝置的特賣廣告與商標廣告，尤其是「生血液」商標廣告，利用不同顏色燈光的轉換，極盡變化之妙，比起現今的廣告招牌也是毫無遜色。在臺北都市地區，此時電燈已是普遍與多功能地被運用著。

雖然電燈裝設始於劉銘傳時代，但僅見於極小部分地區，也不見有系統的規畫、推展，直到日治時期，臺灣總督府才有計畫的大規模發展電燈照明事業，還首先將電燈引入一般家庭中。所以就有民眾將此功績歸諸日本殖民當局：

> 日本的設巧是牽啊電火
> 電火是牽來啊較光啊月
> 望卜是合君啊頭到尾
> 無疑是相撞啊是到這个五月〔註 26〕

電燈帶來了光明，使黑夜如晝，民眾在夜晚也得享便利的生活，不必再被黑暗局限住行動。歌謠不但反映了殖民當局所推展的電燈照明事業，從「設巧」兩字，還觀察出臺灣人民對殖民當局發展此項事業的肯定與稱讚，認為這是充滿巧意與智慧的建設。電燈帶給臺灣民眾更加方便與更高水準的生活環境，自然為人們所歡迎，而以讚賞的眼光來看待這項現代化建設。

2. 運輸工具

（1）火車

雖然鐵路建設在清領時期已起步，於光緒十三（1887）年開始興建，六年後，完成基隆到新竹段，但臺灣西部縱貫鐵路的鋪設完成卻在日治時期。西部縱貫鐵路於明治三十二（1899）年五月開工，以基隆、打狗（高雄）為基點，採南北段各自施工，前清所築的基隆到新竹間的鐵道，由於規格差，橋樑多為木製，甚至連號誌也沒有，因此加以廢棄，明治四十一（1908）年四月二十日，基隆、打狗間四百零四公里的縱貫線全線通車〔註 27〕。為慶祝西部縱貫鐵路全線通車，除在臺中舉行盛大的慶典，還特地舉辦「汽車博覽會」（日文稱火車為汽車）。博覽會利用火車車廂為展覽空間，以「移動展」

　　古籍，2004.3），頁 10。
〔註 26〕 胡萬川總編輯：《苗栗縣閩南語歌謠集》（苗栗：苗縣文化局，1998.6），頁 52；
　　　　 講述者：紀月霞。無疑：料不到；相撞：相遇。
〔註 27〕 參戴震宇著：《台灣的鐵道》（臺北：遠足文化，2002.7），頁 79、81。

的方式，從基隆、臺北、桃園、新竹、苗栗、臺中、彰化、斗六、嘉義、新營、臺南、橋頭、高雄、鳳山等十四個車站一路逐站停靠，讓民眾進入參觀，實境瞭解鐵路的相關知識〔註28〕。

總督府在日治初期財政不佳的情況下排除萬難興建鐵路，當時以發行二，八八〇萬日圓臺灣事業公債作爲建設基金〔註29〕，除了有鎮壓抗日分子的考量，還在鐵路之興建能加速臺灣資源寶庫的開發與利用，及有利在臺軍事力量的調度運用。雖然殖民者的本意在此，但西部縱貫鐵路的興建，亦嘉惠了一般臺灣民眾，使臺灣人得享現代化交通工具所帶來的便捷性。火車的快速度，使它成爲人們往來各地的重要運輸工具，與民眾日常生活漸產生緊密之聯繫，因此呈現這種現代化運輸工具的歌謠也出現許多，其中有反映日治時期火車改道者：

> 火車起走嘟嘟叫，七點半鐘到板橋；
> 板橋查某水甲俏，回去賣某給娘招。〔註30〕

清朝所興建的臺北以南的火車路線，是經由新莊、海山口到龜崙嶺（龜山一帶），但日治時期，龜崙嶺舊道被廢棄，改走萬華、板橋、樹林、山佳、鶯歌到桃園，即現在西部幹線所經之路線。這首歌謠爲板橋這邊的人，因日治時期新莊火車沒有了，改到板橋去，就唱起這首歌謠〔註31〕

另有反映鐵路建設仍有未及之處者：

> 白紙寫字青紙封，紅紙包面做批囊；
> 欲寄幾句共君講，內山火車未交通。〔註32〕

雖然日治時期已建立了繁密的鐵路網，但仍有未及建設之處，歌謠中即表露因火車未行駛到內山偏遠之處，以致相思無從寄的情思。由此也反映在當時臺灣人心中，火車是項便利的交通工具，凡有火車行駛處，信息的傳遞就變得容易。

另有以火車起興者：

〔註28〕參程佳惠著：《臺灣史上第一大博覽會：1935 魅力台灣 show》（臺北：遠流，2004.1），頁 22。
〔註29〕黃昭堂著，黃英哲譯：《台灣總督府》（臺北：前衛，2002.5），頁 87。
〔註30〕臺灣省文獻委員會採集組主編：《臺北縣鄉土史料》（南投：省文獻會，1997.7），頁 56；講述者：林衡道。
〔註31〕參臺灣省文獻委員會採集組主編：《臺北縣鄉土史料》，頁 56。
〔註32〕李獻璋編著：《臺灣民間文學集》（臺北：龍文，1989.2），頁 66。

火車行到阿公店，無食海水不知鹹；

阿君尋娘袂走閃，阿娘尋君海摸針。〔註33〕

火車欲行 〃 鐵軌，菜店查某点胭脂。

点屆朱 〃 紅，菜店查某賢揀人。

Autobi（オートバイ）Pu 〃 〃 ，

駛去公園洗身軀。〔註34〕

這兩首歌謠均以火車起興，火車與歌謠中欲表達之情感實無相涉，所取乃在協韻而已。但歌謠慣以日常所見之物起興，從歌謠中火車被引用，即知其與民眾的日常生活實已產生密切之關聯。

此外，尚有描寫搭乘火車的景況：

双腳行屆火車頂，双手按在窻仔前；

天壽車長偌僥倖，無可加停五分鐘！〔註35〕

歌謠是在敘述離別。面對分離，心生不捨，故盼望火車能慢些起行，多點時間與情人相聚，但火車有規定的離站時間，無法因為他（她）的癡心而多作停留，是以歌中主人翁才對車長有所怨嘆。

除上文所舉之歌謠，日治時期甚具代表性的火車歌謠可說是〈丟丟銅仔〉：

水錦（那）開花　紅尾 la-ta　tiuh（仔）tiuh tiuh tan a tom-a la-ta tiuh-a
a-to tiuh tiuh tan

牡丹（那）開花　紅尾 la-ta　tiuh（仔）tiuh tiuh tan a tom-a la-ta tiuh-a
a-to tiuh tiuh tan

野合（那）開花　紅尾 la-ta　tiuh（仔）tiuh tiuh tan a tom-a la-ta tiuh-a
a-to tiuh tiuh tan

黃菊（那）開花　紅尾 la-ta　tiuh（仔）tiuh tiuh tan a tom-a la-ta tiuh-a
a-to tiuh tiuh tan

火車（那）行到　紅尾 la-ta　tiuh（仔）tiuh tiuh tan a tom-a la-ta tiuh-a
a-to 磅空內

磅空（那）冷水　紅尾 la-ta　tiuh（仔）tiuh tiuh tan a tom-a la-ta tiuh-a
a-to 滴落來

〔註33〕秋穆：〈黛山樵唱〉，《三六九小報》八十二號，昭和 6（1931）.6.13，2 版。
〔註34〕李獻璋編著：《臺灣民間文學集》，頁 190。
〔註35〕同前註，頁 85。僥倖：無情。

阿兄（那）錢銀　紅尾 la-ta　tiuh（仔）tiuh tiuh tan a tom-a la-ta tiuh-a
a-to　我不愛

愛欲（那）手指　紅尾 la-ta　tiuh（仔）tiuh tiuh tan a tom-a la-ta tiuh-a
a-to　一只來

阿君（那）錢銀我不愛　愛欲（那）阿君阿都較常來〔註36〕

關於〈丟丟銅仔〉的產生因由、名稱、內容與發展過程，是有多種不同的說法的〔註37〕。但大都認爲這首歌謠的產生與鐵路「宜蘭線」〔註38〕的建設與開通有密切的關係。如《宜蘭縣口傳文學》中接受採訪的林青耀，將歌謠起源解釋爲：

「丟丟銅仔」就是咱宜蘭民謠，就是澳底的磅空，磅空的水滴滴滴，
做工人入磅空做工，就罔做工、罔唸，想著火車經過，咱入磅空底，
水滴一下、滴一下，就來編一條歌。〔註39〕

即認爲〈丟丟銅仔〉是在宜蘭線隧道開通過程中所產生的，而其所提到的澳底的磅空即草嶺隧道：

日治時代，總督府爲開通鐵道，自大正十一年開始，進行「草嶺隧
道」的鑿建，日籍工程師吉次茂七郎負責總工程的設計與督導，隧

〔註36〕簡上仁著：《臺灣福佬系民歌的淵源及發展》（臺北：自立晚報，1991.9），頁162。

〔註37〕關於〈丟丟銅仔〉產生因由、名稱、內容與發展過程的不同說法有：

一、是昔日農業社會裏，一種抖擲銅板的賭錢遊戲。

二、是記載宜蘭地區爲開發地方，開鑿隧道，讓火車通過山洞的奮鬥故事。

三、是描述客家姑娘踩踏水稻的歌謠。

四、是語帶雙關，描寫男女情愛、親密關係的歌謠。

五、是敘述一則感人肺腑的愛情故事：爲來自大陸綽號「紅尾嗒滴」或「紅尾仔達丟」的參與穿鑿三貂嶺隧洞工程技師黃？義與宜蘭姑娘的愛情故事。

六、是描述隧道工人與情侶間的愛情故事。

參簡上仁著：《臺灣福佬系民歌的淵源及發展》，頁157～161。

〔註38〕鐵路「宜蘭線」於大正六（1917）年十二月開工，自縱貫線之八堵起，經瑞芳、頂雙溪、大里，直走宜蘭，而達蘇澳。工程分自南北兩端敷設，宜蘭──蘇澳段及八堵──瑞芳段大正八（1919）年完成，宜蘭──大里段大正九（1920）年十二月完成，工事最難之瑞芳──大里段則於大正十三（1924）年十二月完成，至此全線通車。參曾汪洋：《臺灣交通史》（臺北：臺灣銀行，1955.10），頁56。

〔註39〕邱坤良、施如芳、張秀玲、藍素婧、郝譽翔：《宜蘭縣口傳文學》（宜蘭：宜蘭縣政府，2002.5），頁490。

道內碎石不斷，再加上岩石間滲出的大量水分，使得工程難以進行。抽調前往的蘭陽壯丁，在工作之時或休歇期間，苦中作樂，以流行的〈丟丟銅〉曲調，填上歌詞，一首很有鄉土風味及開拓氣息的宜蘭民謠，傳播著宜蘭人的希望和驕傲。大正十三年（1924 年）二月二十五日，草嶺隧道終於貫通兩端，完成艱鉅的任務。〔註40〕

以上這兩種說法皆認為〈丟丟銅仔〉是由在宜蘭線隧道開鑿過程中參與工程的工人所編唱出來的。另有一種稍微相異的見解：

當蘭陽平原因著鐵路的興築，開通了連絡臺北的交通線，噶瑪蘭人的歡樂一路隨著鐵道通向臺北，而在火車進入「磅空」之際，墜（案：應為「隧」之誤）道內水滴聲伴隨著車輪轉動的律動，組成了「丟丟銅仔」的旋律。〔註41〕

這種看法認為歌謠是在宜蘭線通車後才產生。民間歌謠的起源難尋，所以實難斷定哪種說法較為正確。但無論此種或前述說法，咸認〈丟丟銅仔〉是因宜蘭線而產生的。

簡上仁認為〈丟丟銅仔〉最早可能是可被即興填詞的曲調，但當宜蘭線火車隧道開鑿以後，它吸收了流傳在民間的唸謠「火車行到磅空內，磅空的水滴落來」等為基礎，而發展出宜蘭人為繁榮地方，辛苦開鑿火車隧道為背景的情歌，宜蘭老藝人林登雲、簡陳阿權年少時期所唱的八句或九句的七字仔「紅尾 la ta tiuh」，都是這種敘景兼敘事的情歌。大正十三（1924）年，隨著宜蘭線全線通車，〈丟丟銅仔〉逐漸風光起來，流傳於全臺各地。但隨著時代變遷，如今〈丟丟銅仔〉已從能完整唱出整齣故事，而萎縮到僅留下碩果僅存的一句──「火車行到……磅空內，磅空的水……滴落來」，這樣的結果接近昭和十八（1943）年，呂泉生根據當時廣播戲劇界聞人宋非我的唱法，捨去歌詞不雅部分的改編〔註42〕：

火車行到

イトアモイタ丟仔

磅空內

磅空的水イト

〔註40〕徐惠隆著：《走過蘭陽歲月》（臺北：常民文化，1998.9），頁 251～252。

〔註41〕杜文靖著：《臺灣歌謠歌詞呈顯的臺灣意識》（臺北：北縣文化局，2005.12），頁 51。

〔註42〕參簡上仁著：《臺灣福佬系民歌的淵源及發展》，頁 182～185。

丟〃銅仔イト

アモイタ丟仔イト

滴落來〔註43〕

雖然據簡上仁之說，〈丟丟銅仔〉的形成有民間唸謠的基礎，但它還是擁有完整生命的歌謠，因為它代表的是日治時期建設宜蘭線的這段歷史。

除一般鐵路線，總督府為開發臺灣林業資源，也興建了多條森林鐵道，阿里山林鐵即是其中之一。明治三十七（1904）年十月，後藤新平在與河合博士實地考察後，決定建造鐵路以開發阿里山林區。明治三十九（1906）年，登山鐵道由藤田組負責興建，但因工程過鉅且經費不足，僅完成嘉義至竹崎的平地段。明治四十三（1910）年，未完成的路段由總督府接手，大正元（1912）年，鐵路築至二萬坪，隔二年，又延伸至沼平，至此確立了阿里山森林鐵路的骨幹〔註44〕。森林鐵道的路況非平地可比，因此必須靠特殊的設計來克服地形障礙，下列歌謠就呈現總督府在興建阿里山森林鐵路上的特殊設計：

火車卜行三角龍。

彎彎越越行繪雄。

焉著媱某嘸免暢。

撢無幾個存天良。

焉著媱某嘸免品。

撢無幾個存良心。〔註45〕

「火車卜行三角龍，彎彎越越行繪雄」描寫阿里山森林火車在離開樟腦寮站後，列車緩慢地以螺旋環繞的方式越過獨立山的情形，「三角龍」即獨立山〔註46〕。所以在樟腦寮的鐵道邊或附近的山頭上，可以很清楚看到阿里山小火車

〔註43〕 呂玲朗：〈丟〃銅仔〉，《臺灣文學》3 卷 3 號，1943.7，頁 69。

〔註44〕 戴震宇著：《台灣的鐵道》，頁 56。

〔註45〕 江寶釵總編輯《嘉義市閩南語歌謠集（一）》（嘉義：嘉市文化局，1997.6），頁 162；講述者：田有耕。撢：尋找。品：誇耀。

〔註46〕 據嘉義縣耆老林茂榮言：「當時測量師測量地形時到了三角龍（獨立山），山勢高竣無法前行，停下來休息時看到一隻螺在樹葉上走，才聯想到一座高山上要攀上時也可以比照那種方式再穿越到阿里山，這也是一種傳說。」臺灣省文獻委員會採集組編校：《嘉義縣鄉土史料》（南投：省文獻會，2000.1），頁 484。

以螺旋狀爬獨立山的情景，並且以不同的高度出現四次：前三次爲螺旋狀的爬山，最後一次則以 8 字形駛離獨立山〔註 47〕。歌謠呈現日治時期倍具巧思的現代化鐵路建設。

　　日治時期臺灣製糖業發達，爲便利運送甘蔗，有糖業鐵道之興建。歌謠中亦描寫及此：

　　　　自動車，坐阿舍；

　　　　五分仔車，拖甘蔗；

　　　　癩瘖貓，掛目鏡；

　　　　恁老父，做保正；

　　　　薰吹頭，損燴疼。〔註 48〕

「五分仔車，拖甘蔗」描寫糖鐵五分仔車載運甘蔗的情形。糖鐵最早源於「台灣製糖株式會社」於橋仔頭所設立的「橋仔頭製糖所」在明治三十五（1902）年鋪設的 762 公厘可拆式輕便鐵道，當時係以水牛拉引貨車的方式來運送甘蔗，由於成效良好，台灣製糖株式會社乃有意以蒸氣火車來做爲動力，明治四十（1907）年總督府許可這項計畫，同年十一月，運送甘蔗的火車正式上路。大正十一（1922）年，總督府頒布「台灣私設鐵道補助大法」，一時間各糖廠舖設之鐵道如雨後春筍。至日治中期，在七家糖廠經營下，營業線達二十條之多，總長逾五百公里。日治中期到後期，製糖業興起兼併之風，最後臺灣地區的糖廠由台灣製糖株式會社、明治製糖株式會社、大日本製糖株式會社、鹽水港製糖株式會社所壟斷，昭和十八（1943）年，四大製糖會社的糖業鐵道合計約二千六百多公里。之所以將糖鐵火車稱爲「五分仔車」，乃因大部分糖鐵的軌距爲 762 公厘，爲標準軌距 1435 公厘的一半，故有此稱〔註 49〕。

　　除上述言及火車的歌謠，另有歌謠描寫火車汽笛聲：

　　　　娘今共哥隔偌遠，

　　　　聽見水螺心就酸；

　　　　若得車路越倒轉，

〔註 47〕洪致文著：《阿里山森林鐵路紀行》（臺北：時報文化，1994.5），頁 50。

〔註 48〕邱冠福編著：《台灣童謠》（臺南：南縣文化局，1997.12），頁 87。

〔註 49〕戴震宇著：《台灣的鐵道》，頁 28～30。

今冥共哥睏同床。〔註50〕

水螺為火車起動的信號。聽聞水螺響起，想及心上人遠別，與自己相隔兩地，心中難免滿是酸楚，如果火車能夠倒轉，不要將心上人載往遠方，該是一件多好的事，今晚就能與情郎同床共享好夢了。水螺聲催促火車起行，其無疑是離別的信號，亦成為離別的象徵。當聽見水螺聲，自然勾起女子對離人的思念。

此外，連火車停靠的車站，也出現在歌謠中：

　　屏東車頭一叢松，親像涼傘無許成；

　　阿哥是娘親看中，相好偌久不可冷。〔註51〕

歌謠以屏東車站的一叢松樹起興，表達女子希望與情人永久相好的心願。此處車站未具特別意涵，下列歌謠中車站的出現，則明顯蘊含離別情思。鐵路開通，各地往來趨於便利，帶動人口流動，許多離別場景就在車站中上演著，車站送別也成了歌謠中表述離情別意的一種新方式：

　　憶着下港的錢銀，才着離別臺北君；

　　來屆車頭哭一困，等待幾時娘見君。〔註52〕

　　車頭鐘仔嚮三聲，鐘仔嚮了車欲行；

　　車頭人客全知影，知影小妹離別兄。〔註53〕

兩首歌謠皆描寫女子在火車站與心上人離別的依依不捨情態，第二首更以「車頭人客全知影，知影小妹離別兄」來渲染離別的心傷，這份心傷，已深刻到讓車站的旅客都感受到了。可以想見多少臺灣兒女的離愁別緒就在火車站中滋生著。

現代化鐵路建設改變了傳統的交通運輸方式，把「十里不同風，五里不同俗」的封閉性社會變為流通不息的流動社會〔註54〕，為臺灣人帶來更便捷的生活，臺灣人自然樂意接受這項現代文明設施。由火車、水螺、車站在日治時期流傳的歌謠中屢屢出現，可看出火車已成為人們習慣利用的交通工具，與它在臺灣交通運輸上的重要性。鐵路改變臺灣人傳統的安土重遷的觀念與生活型態，因為速度快，縮短了臺灣各地間的距離，從前認為遙遠的地方如今不再遙

〔註50〕李獻璋編著：《臺灣民間文學集》，頁88。
〔註51〕同前註，頁77。許成：那麼相似。
〔註52〕李獻璋編著：《臺灣民間文學集》，頁84。
〔註53〕同前註，頁85。「嚮」三聲、鐘仔「嚮」了：應為「響」才是。
〔註54〕參陳紹馨：《臺灣的人口變遷與社會變遷》，頁115。

不可及，火車無疑是當時外出者最便利的交通工具，許多年輕人為了夢想中美好的將來，毅然離開鄉里，乘著火車，遠赴他鄉發展打拚，歌謠中描寫到火車、水螺、車站，多與離別主題有關，實反映當時這種社會變遷現象。

從覺得火車為黑色妖馬，到將它視作平常之物，隨意於歌謠中引用，可觀察臺灣人對現代化鐵路建設由初始接觸的不熟悉的恐懼感到之後的習慣而融入日常生活的過程，亦得窺臺灣人面對現代化建設時的從陌生到習慣的其中心理變化。

（2）汽車

日治時期新式交通工具除了火車，尚有汽車，只是汽車在臺灣的發展顯然要較火車來得慢。苗栗縣耆老黃運金回憶第一次坐火車是在國小畢業旅行時，由苗栗坐至新竹，而當時在苗栗地區仍看不到汽車，主要的交通工具是人力車與轎子，一直到他廿歲左右，才有客運巴士，由苗栗往銅鑼，每天有一、兩班，在當時坐巴士則是件奢侈的事〔註55〕。

若以作為首都的臺北城來看，前清時，一般大眾主要乘坐之交通工具為轎子，乘坐人力車者大多為官員，否則即為中流以上人士，在日本治臺後，因內地人來臺者漸增，人力車亦隨之增加，後來臺灣人也逐漸多加利用，於是漸取代日見減少的轎子。大正二（1913）年七月，公共汽車初次行駛於臺北至圓山之間，但汽車數量的增加則在大正十（1921）年以後，從那時起汽車在各方面漸漸被使用，尤其是大正十二（1923）年之後，汽車以非常之速度劇增著。昭和六（1931）年，從市公所所在地樺山町通往基隆的縱貫道路上，汽車已如過江之鯽，穿梭不息往返於此。在此時也有計程車開始營業，為數甚多，市內車費一律為五毛錢，即所謂「半圓計程車」。臺北市內之車輛包括官廳用、自用、公共汽車，再加上計程車，數量已超過一千五百輛。
〔註56〕

大正十四（1925）年前後，巴士業漸興，當時在臺北市內的人力車夫雖降價，但人力終勝不過汽油力，總共約二千人的車夫為確保自己的生活，乃以罷業抗議，後經警察致力說服，才在罷業五天之後，又開始營業〔註57〕。但隨著速度時代的來臨，做為交通工具的轎子不知何時已消失不見蹤影，人力車亦因

〔註55〕參何來美等著：《鄉賢談歷史》，頁102。
〔註56〕參田中一二著，李朝熙譯：《臺北市史——昭和六年》，頁73、101～103。
〔註57〕參林東辰著：《臺灣舊事譚》（高雄：大舞台書苑，1979.4），頁87。

腳踏車與汽車日增而劇減，向來由牛車或貨車所搬運之貨運亦被卡車所奪，臺北市的交通正呈現顯著的變化與進展〔註58〕。機械時代到來後，傳統人力車難敵新式交通工具的快捷，生意大受影響，由楊守愚於昭和五（1930）年所寫的〈人力車夫的叫喊〉詩中，即能窺見這種現象：

　　……

　　　要獲得一圓五角

　　回去買柴糴米

　　　在這殺人的不景氣

　　已不是隨隨便便

　　　更不是容容易易

　　況加上了「都、都、都」的

　　自動車聲一響

　　越弄得一天全無生意

　　　自動車聲的一響

　　弄得一天全無生意

　　　「怎麼好呢」？

　　也只有輕看了自己的生命

　　　和機械去拚個你活我

　　　死

　　也只有廉賣了自己的勞動

　　力

　　　零星地掙來了一錢五厘

　　……〔註59〕

汽車搶走了人力車夫的生意，為求溫飽，人力車夫只得廉賣自己的勞力，降價招攬客人，賺取微薄的生活費。詩中流露楊守愚對人力車夫的憐憫之情。

　　因著汽車時代來臨，汽車這種新式運輸工具就出現於歌謠中：

　　自動車，

　　坐居第一樓，

〔註58〕參田中一二著，李朝熙譯：《臺北市史──昭和六年》，頁 104。

〔註59〕施懿琳編：《楊守愚作品選集──詩歌之部》（彰化：彰縣文化局，1996.7），頁 6～7。

起腳爬上樓，

樓頂蹤透〃，

火鍋一皿壹箍五角九，

銀袋仔開起來錢無夠；

爬起腳，

想欲走，

叮〃〃，

電話屆，

將三領獻的掠去吊猴。〔註60〕

自動車就是汽車。歌謠中描寫自動車、電話，可見臺灣在交通方面的現代化。雖然汽車在臺灣社會出現，但畢竟是尖端的現代化產物，一般人根本購買不起，必須具備相當財力的人才有辦法擁有：

自動車，坐阿舍；

五分仔車，拖甘蔗；

癲癇貓，掛目鏡；

恁老父，做保正；

薰吹頭，損繪疼。〔註61〕

「自動車，坐阿舍」，阿舍乃有錢人家老爺，汽車儼然成為日治時期富有人家用來顯示財富、標幟身分的一項器物。是以日治時期雖見汽車這種新式運輸工具在臺灣島上奔馳著，但因一般民眾欠缺購買能力，故其普及度還是相當有限。

（3）摩托車

日治時期新式交通工具尚有摩托車：

火車欲行〃鐵軌，菜店查某点胭脂。

点屆朱〃紅，菜店查某賢揀人。

Autobi（オートバイ）　Pu〃〃，

駛去公園洗身軀。〔註62〕

〔註60〕李獻璋編著：《臺灣民間文學集》，頁28。三領獻：指穿襯衫、背心、西裝者；吊猴：綁起來。以上註解參楊麗祝著：《歌謠與生活：日治時期臺灣的歌謠采集及其時代意義》（臺北：稻鄉，2003.4），頁233。

〔註61〕邱冠福編著：《台灣童謠》，頁87。

由這首收錄於昭和十一（1936）年出版的《臺灣民間文學集》中的歌謠有摩托車（オートバイ）出現，可知當時臺灣島上已有這種新式交通工具。

（4）自行車、飛機

日治時期，除出現汽車、摩托車等新式運輸工具，還有人力加上機械配合之自行車，以及飛機也在臺灣天空出現了，當時有歌謠即談及飛機、汽車與自行車〔註63〕這三項交通工具：

> 飛行落地陳金水。
>
> 君旺駛車潛落水。
>
> 欣仔坐車展威威。
>
> 跌落橋腳嘴開開。〔註64〕

歌謠內容在講當時發生的幾件交通事件。第一句「飛行落地陳金水」，源於當時新竹飛行士陳金水，在新竹公園廣地乘飛機欲騰空之際，因機械故障不能飛行，隨即墜落，險遭生命之虞，幸無傷害之事。「君旺駛車潛落水」則是當時新竹自動車會社主宴客之夜，有汽車駕駛曾君旺因酒醉，在歸途中東門城南橋誤將汽車駛落橋下事。「欣仔坐車展威威，跌落橋腳嘴開開」為名為陳欣者，乘自行車敏捷，在輕便橋上展其技術時，忽連人帶車跌落橋下，四腳朝天而嘴開開。故有好事者作此歌也〔註65〕。雖然歌謠在嘲謔這三人所發生的交通事件，但由其中，也可知飛機、汽車與自行車這些新式交通工具在臺灣島上出現的情形。

二、住　宅

日本領有臺灣後，為鼓勵國人移民，本國資本投入，必先得營造適宜日本人居住與投資的安全環境，當中包括環境衛生的改善及傳染病的撲滅。日

〔註62〕 李獻璋編著：《臺灣民間文學集》，頁 190。

〔註63〕 自行車於明治三十六（1903）年自日本輸入，後隨公路、市道之發達，和社會各階層之需要，利用者日益增加，至昭和十五（1940）年，臺灣地區已擁有四十萬二千五百八十五輛自行車，後因二次大戰擴大，物質來源缺乏，用者漸減，且因車輪用之橡膠缺貨，日本人以廢膠再製之硬胎缺乏彈性，坐用至感不適，且嫌笨重，失舒服之感，用者漸稀。至戰後，物質來源有自，才漸告恢復。參唐富藏編纂：《重修台灣省通志・卷四・經濟志・交通篇》（南投：省文獻會，1993.1），頁 1354。

〔註64〕 〈太惡作歌〉，《新高新報》第百九十一號，昭和 4（1929）.7.15，14 版。

〔註65〕 同前註。

治初期，臺灣不但衛生條件差，還流行瘧疾、鼠疫、霍亂等惡疾，因此死亡者頗多。日軍進攻臺灣期間（1895.5.26～12.15），病死者高達四,六四二人，這些死者幾乎都爲瘧疾患者，遠超過戰死者一六四人的多〔註66〕。

　　當時臺灣人衛生習慣不佳，對於住宅環境衛生毫不留意。明治二十八（1895）年六月，樺山資紀一行於基隆登陸時，當時基隆市內污水停滯，髒物堆積，甚爲嚴重，市內並到處散有糞尿，臭氣衝鼻〔註67〕。臺北的情況也好不到那裡，據當時日本衛生隊實查記錄云：「臺府街市，房屋周圍或院內，流出活水，又到處瀦留成沼，或人與犬豚雜居，雖有公共廁所之設備，而往往到處散放糞便，唯市中日本人鑿井之噴水，以鐵管供給飲用水，而其桶器極爲不潔。」臺南府地方亦是「雜亂廢棄物自不庸論，即糞尿亦到處散放堆積，街路兩旁之排水溝，污水積滯，惡臭沖鼻，由城外頓入城內時，爲臭氣刺激，幾至嘔心。」〔註68〕由這幾個城市惡劣的衛生情況來看，就可推知整個臺灣島上的衛生狀況與臺灣人的衛生習慣。

　　殖民政府爲改善環境衛生與防疫需要，往往以公權力推行公共衛生，沒有什麼衛生觀念的臺灣人，自是無法接受殖民政府的法令約束，明治三十（1897）年詹振、林李成起義檄文中控訴殖民政府有十大罪過，第八條大罪爲「放尿要罰錢」〔註69〕，缺乏衛生觀念的臺灣人視隨地便溺爲自然不過之事，對放尿要罰錢當然無法接受。殖民當局在臺灣推行公共衛生之改善，便所興建即爲其中一項，更明確地說，便所興建爲「市區改正計畫」中的一環，而「市區改正計畫」的動機又與衛生息息相關。明治二十八（1895）年六月，日本陸軍軍醫已對軍隊在臺北城內飲用水與便所的設置提出看法〔註70〕，這顯示便所對環境衛生的重要性。

　　臺灣舊式家屋建築，並沒有專門便所的設計，在臺灣割讓後入臺，供職

〔註66〕參王育德著，黃國彥譯：《台灣：苦悶的歷史》（臺北：草根，1999.4），頁106。
〔註67〕參臺灣憲兵隊編著，王洛林總監譯：《台灣憲兵隊史》（臺北：海峽學術，2001.6），頁55。
〔註68〕井出季和太著，郭輝編譯：《日據下之臺政》（臺北：海峽學術，2003.11），頁24。
〔註69〕王曉波編：《新編台胞抗日文獻選》（臺北：海峽學術，1998.11），頁36～37。
〔註70〕林思玲：〈宏觀歷史研究初探：日治前期（1895～1920）臺灣閩南傳統居住環境之衛生改良——在衛生工程與傳染病防治方面〉，收錄於江柏煒主編：《閩南文化學術研討會論文集》（金門：金門縣立文化中心，2004.3），頁412。

於臺灣總督府民政局警務部門達三年之久的佐倉孫三在其所著的《臺風雜記》中，即有臺人「家無厠圍，街路設一大厠場，人人對面了之，亦甚可厭。」〔註71〕的描述。在市街，男子大便會利用共用便所，婦女與孩童大、小便則使用房間中的屎、尿桶；農村中，婦女與孩童大、小便使用房間內的屎、尿桶，男子小便使用房內的尿桶，但大便就在屋外的便所，大部分的便所和豬圈在一起，在地上挖個穴，上置一踏板，沒有什麼遮蔽，人的排便就和豬隻的排泄物混在一起。粵籍人則無論男女，大便都在屋外的便所，只有小便才在房內的尿桶〔註72〕。沙鹿鎮耆老洪掛即曾談到臺灣早期在房間內設置屎、尿桶的情形：

> 台灣婦女在房間內眠床邊，放一個漆紅色的屎桶做爲方便之用。不但在夜晚，白天亦在那裡方便，男人也在眠床側的尿桶小便，大便則到外面的公共廁所去。平常房間內有一個女人用的屎桶，及一個男人用的尿桶，所以房間內的衛生奇差。住在市街的家庭這些屎尿由鄉村的農民到家收集做肥料。〔註73〕

在房間存放排泄物，不但造成房間充滿惡臭，也使房間成爲細菌滋生的場所，是極不乾淨與不衛生的。雖然明治三十三（1900）年頒布的「台灣家屋建築規則施行細則」第十條、第十一條對個人便所建材、規格、型式都有新的明文規定，明治四十（1907）年對此「細則」修改時，且加上新增第二十二條，規定每一戶居民都必須設有個人便所，如果是長屋型的建屋，每四戶就必須設置大便室一處，小便室兩處的便所。首次明確要求每戶居民必須設置個人便所。但在「台灣家屋建築規則施行細則」施行多年後，臺灣人民不但沒興建個人便所，還保有在房間使用屎、尿桶的習慣，終大正年結束，個人便所的興建只在臺北城推行著，臺北城以外的地區，根本是便所的化外之地。進入昭和年間，當時大部分臺灣人仍處於在房間內設置屎、尿桶，或者附近幾十戶人家共用一個簡陋的公共便所的情況。但在傷寒病的威脅下，興建個人便所已成刻不容緩之事。台南市政府在昭和三（1928）年做過便所擁有率調查後，因爲沒便所而使用屎、尿桶的戶數佔大部分，遂認定這種習慣與傷寒

〔註71〕佐倉孫三著：《臺風雜記》（臺北：臺灣銀行，1961.5），頁15。

〔註72〕東方孝義著：《台灣習俗》（臺北：南天，1997.12），頁54～56。

〔註73〕臺中縣立文化中心編：《中縣口述歷史——第一輯》（臺中：臺中縣立文化中心，1993.6），頁118。

的擴大傳染有密切關係，在當年底，由警察署衛生課等各部門研商，發佈三項規定：一、廢止屎尿桶的使用；二、獎勵便所的設置，並對貧困者加以補助；三、屎尿桶的屎尿及洗桶水，禁止傾倒在下水溝〔註74〕。

　　歌謠中有描寫禁止於房間內設置屎桶一事，或許就在反映當時傷寒擴大傳染下，由地方官廳下令撤去房間內屎桶的情形：

　　　　刺竹開花，

　　　　歹年冬，

　　　　日本仔設計除屎桶；

　　　　老伙仔煩惱無桶放，

　　　　少年仔歡喜唔免捧。〔註75〕

日本人下令去除屎桶的同時，是要臺灣人在家屋中興建個人便所，但興建便所需要花錢，縱然政府對年收入過低的貧民給予部分金額補助，但人民自己仍需補貼金額興建便所〔註76〕。所以這首歌謠即描述廢止使用屎桶而家中又沒有興建廁所的情況下，老人家不知該到哪兒如廁的煩惱。擔憂的人或是年老的女性吧！因為男人向來沒有使用房間內屎桶的習慣，屎桶去除並不會影響到他們，但年老的女性從年輕已習慣在房間如廁，廢止使用屎桶，她們既不可能像男人隨意在屋外找個地方解決，公共便所的缺乏隱私性亦令傳統保守的她們卻步，自然會產生焦慮、煩惱的情緒。但對年輕晚輩來說，去除屎桶反倒是件令人高興的事，因為早年社會，為人晚輩的，特別是當媳婦的，是要替長輩倒屎桶的，倒完之後還要用「土桶仔筅」清理乾淨，這頗讓年輕一輩視為苦差事〔註77〕，但在屎桶廢止使用之後，就可免除這項痛苦的差役了。

　　雖然歌謠中反映官方禁止臺灣民眾使用屎桶，但以曾頒布禁止命令的台南市來看，卻沒有嚴格執行，當時大部分民眾仍未改善原來使用屎桶的習慣。就算建有便所的民眾，仍舊習慣在房間放置屎、尿桶，因為便所都建於屋外，半夜如廁時，沒電燈，冬天天氣又冷，所以晚上還是使用屎、尿桶，白天再拿去

〔註74〕董宜秋作：《帝國與便所：日治時期台灣便所興建及污物處理》（臺北：台灣古籍，2005.10），頁36～38、65～66。

〔註75〕邱冠福編著：《台灣童謠》，頁67。

〔註76〕董宜秋作：《帝國與便所：日治時期台灣便所興建及污物處理》，頁157。

〔註77〕黃文博作：《南瀛俗諺故事誌》（臺南：南縣文化局，2001.5），頁274。

便所倒掉〔註78〕。因此歌謠或是產生在廢止使用屎桶規定初頒布時，臺灣民眾
乍聽聞後的直接反應。由此可見民眾因習於舊生活方式，而與殖民者推動的現
代化事業有所扞格。

三、衣著裝扮

隨著臺灣邁向西方現代化社會，臺灣人在衣著裝扮上亦起了變化，摩登
的西式裝扮漸出現在島內臺灣人的身上。以男子來說，男子穿西服，在明治
四十四（1911）年之前並不多，但到了一次世界大戰勃發後，便頓見發達起來
〔註79〕。所以約在一九一○年代中期，臺灣人的衣著習慣就產生明顯改變。再
看昭和六（1931）年臺北市民的衣著裝扮：

> 居住在台北市內之農民，由於接近都市住宅區或市街，因而風俗習
> 慣雖然與一般農民並無二致，但受到文明影響，浴其恩惠，大概在
> 淳樸的氣質中多少均願順應時勢，生活水準亦見提高，……婦女服
> 裝亦會穿外出服等，裝飾品亦多少有趨流行時髦之傾向頗顯著，無
> 不穿皮鞋不帶洋傘者；男人亦然，外出時即穿西裝頭戴帽子，赤足
> 戴竹笠等情形已少見。〔註80〕

臺北市為日治時期島內最文明進步的都市，其現代化程度較其他都市或鄉村
來得高，那時這股衣著改易的浪潮連傳統、保守的農民都無法抵擋，婦女穿
皮鞋、帶洋傘，男子外出時習於穿西裝、戴帽子。在臺灣社會現代化的過程
中，生活於島上的臺灣人自是無法置身這股變化之外，遂依循風潮，逐漸改
變向來的習慣。

反映這股衣著西洋化的潮流，為西式衣著裝扮在歌謠中出現：

> 電髮洋裝高踏鞋，卜交巧氣少年家。
>
> 交著老君錢較多，廻迌相㧒較輸勢。〔註81〕

燙髮、洋裝、高跟鞋，這些西方產物，因為臺灣社會西方化，出現在臺灣女
子身上了。想日治初期，臺灣女子尚盛行纏足，並以此為美，但在放足普及
後，不但婚姻擇偶不再以足之大小為取捨標準，還造成裹布業日漸衰微，新

〔註78〕董宜秋作：《帝國與便所：日治時期台灣便所興建及污物處理》，頁69、159。
〔註79〕參林衡道：〈蔣渭川先生訪問記錄〉，黃富三、陳俐甫編：《近現代臺灣口述歷
　　　　史》，頁201。
〔註80〕田中一二著，李朝熙譯：《臺北市史——昭和六年》，頁200。
〔註81〕怒濤：〈歌謠拾遺〉，《風月報》一三三期，昭和16（1941）.7.1，35版。

製鞋業代之而興的情形〔註82〕，審美觀念與往昔已大不相同，天然足蹬高跟鞋顯然爲日治末期時髦的象徵。

除衣著西洋化，男子的解辮斷髮固不必論，連女子的髮型，也與前清時期大不相同。臺灣女性沿用最久的梳頭方法是結髮，自從漢民族移住臺灣而到日治時期的大正年間，一直是盛行的沿用著，直到昭和初年，才漸漸地流行剪短〔註83〕。因此女子髮型改變，大約是從昭和初年開始。在剪髮風氣初開之時，有些保守的傳統女性，是無法接受這種新改變的：

　　激洛一隻鳥貓氣
　　頭鬃剪到無半絲
　　講想卜嫁翁較巧氣
　　無尾鵪鶉誰卜抾〔註84〕

據講述者言，這是日治時期的歌，是在嘲笑那些不受禮教束縛的時髦女孩，剪短頭髮就像無尾鵪鶉那樣醜，是沒人要的〔註85〕。凡任何一種風習改變，都不可能在一開始就被社會全體民眾接受，這時必有不畏眾人眼光的創新者率先作表，而後這種新風習才逐漸廣被民間，甚而代替原有的舊習慣。歌謠中批評女子剪短髮，顯然出自抱持傳統觀念的臺灣人，可知剪髮風氣初開時，絕非所有臺灣女子皆被這股風尚所吸引，而是有一批追求時尚流行的時髦女子，不畏懼眾人目光地接受新風潮。

但在剪髮成爲女子髮型的一種新選擇後，因爲觀念慢慢轉變，終究還是成爲一股流行的風潮：

　　講昭和五年齊改正
　　改正 e^0 剪髮呰流行
　　講肩頭背二个雞毛筲

〔註82〕 參吳文星：〈日據時期臺灣的放足斷髮運動〉，收錄於國立臺灣師範大學中等教育輔導委員會主編：《認識臺灣歷史論文集》（臺北：國立臺灣師範大學中等教育輔導委員會，1996.6），頁243。

〔註83〕 參高麗雲：〈臺灣女性的髮型〉，《臺灣風物》2 卷 8、9 期合刊，1952.12，頁5。

〔註84〕 胡萬川總編輯：《龜山鄉閩南語歌謠〈二〉》（桃園：桃縣文化局，2003.12），頁 118；講述者：陳謝滿。激洛：裝腔作勢；鳥貓「氣」：派頭；巧氣：聰明伶俐；抾：要。

〔註85〕 同前註，頁 119。

安怎剪髮是呰流行〔註86〕

歌謠呈現昭和五（1930）年女子剪短髮已成當時新流行。大約同時的《臺北市
史——昭和六年》中也記載著短髮在相當摩登之少女或夫人間流行〔註87〕。

　　另從日治時期的照片，也可發現女子髮型的變化，從大正十二（1923）
年「日本皇太子殿下台灣行啓紀念寫真帖」之一的總督府前歡迎的學生群照
片，可看到女學生都留著辮髮，但到昭和十八（1943）年屏東各界爲慶祝「海
軍特別志願兵制度」的實施，學生們舉行慶祝遊行的照片，已見女學生的髮
型變爲短髮〔註88〕。

　　因爲婦女競趨西洋流行時尚，昭和十三（1938）年，就有南投署名「醉
蓮」者爲文批評婦女這種「摩登的進步」：

　　　「進步」這兩字，已屬現代的標語之一，這是有好的處，同時也有
　　　壞的處。本島的婦女，對於塗脂擦粉，著洋裝，燙髮，也很進步，
　　　日趨日下，弄得窮奢極侈，觀電影，學跳舞，無所不爲，富有的婦
　　　女更不必説了，甚至那勞工的婦女，亦大都習尚時髦，模倣歐化，
　　　研究摩登，竟把她們每日勞苦換來的金錢，盡都消磨於粧飾與摩
　　　登！究其原因，皆由虛榮心所驅使，自認她是一個一九三八年的摩
　　　登女性，著很貼身的洋裝，袒胸露背，爭嬌鬪媚，招搖市上，毫無
　　　羞澀，一傳十，十傳百，竟要弄成摩登的大眾化！……。〔註89〕

醉蓮認爲在物價騰貴的時候，婦女實不該將金錢花在摩登的粧飾上，只是愛
美本爲女子的天性，所以他的呼籲想當然是得不到什麼共鳴的。但經由他的
描述，即知當時女子衣著裝扮歐化的情形。

四、休閒娛樂

　　日治時期，新的、摩登的西洋休閒〔註90〕活動不但傳至臺灣，且造成風

〔註86〕胡萬川總編輯：《桃園市閩南語歌謠〈一〉》（桃園：桃縣文化局，1999.12），
　　　　頁186；講述者：黃張阿甜。呰：這麼。雞毛撴：雞毛撣子。
〔註87〕田中一二著，李朝熙譯：《臺北市史——昭和六年》，頁283。
〔註88〕林尚瑛主編：《高雄市立歷史博物館典藏專輯・文獻篇Ｉ》（高雄：高雄史博
　　　　館，2001.12），頁88、144。
〔註89〕醉蓮：〈摩登的進步〉，《風月報》六十二期，昭和13（1938）.4.15，8版。
〔註90〕「休閒是指人民離開工作崗位，自由自在的去打發時間，並尋求工作外精神
　　　　上或物質上的滿足。」文崇一著：《臺灣居民的休閒生活》（臺北：東大，

行，撞球即為其中一項。撞球傳入臺灣甚早，明治三十一（1898）年六月即
有撞球場，在臺北新起街二丁目開業，取名「遊樂軒」〔註91〕，但是時撞球
為日僑之娛樂，臺灣人間尚未瀰漫此種風氣。經歷日治時期的郭再強曾對撞
球有如下之回想：

> 彈球（BILIARDS）係日人來後，首先在現在之中山堂原址新建木
> 造二樓建物（稱為俱樂部），於樓下設置一臺球床，大都供于日人
> 使用。本省人則非有地位或富有者均不得享受此種娛樂（日人初來
> 時尚不敢輕視地方之富戶，及有聲望之儒家）。後來漸漸也有了民
> 營彈球房（俗稱撞球間）。至於私人設有撞球床者僅西醫李玖先生
> 而已。〔註92〕

另臺東耆老吳再成，也有一段關於撞球的記憶：

> 日治時期，普遍的生活都很困苦，娛樂也很少，撞球活動，在那時
> 是非常高尚的娛樂，也是一些文人雅士，名流士紳娛樂活動的項目
> 之一，若家境不富裕還進不了球館。〔註93〕

由以上兩則回憶，可知撞球起先是一項高級的娛樂活動，不似之後發展成平
民化的休閒。

日人移居臺灣後，將平日從事的休閒娛樂帶至島上，《臺灣慣習記事》中
寫著：

> 居住本島之內地人　其娛樂種類何其多，流行於臺北者，隨意舉之
> 則有：自行車、棒球、照相、射箭、騎馬、柔道、劍道、圍棋、謠
> 曲、義大夫、歌留多、繪劃明信片之交換、俳諧、和歌、漢詩、點
> 茶、插花等十數種，而本島人傚之者亦復可見，是為可喜？抑或可
> 悲？〔註94〕

日人將多種西式或日式娛樂活動帶進臺灣，本只為自己消遣計，但休閒娛樂

1990.2），頁20。

〔註91〕郭水潭：〈日據初期北市社會剪影〉，《臺北文物》5卷1期，1956.4，頁58。

〔註92〕郭再強述：《漫談麻豆社古今——兼述我的回顧與所感——》（出版地不詳：
著者，1975.8），頁29。

〔註93〕後山文化工作協會著：《台東耆老口述歷史篇》（臺東：東縣文化局，1999.6），
頁180。

〔註94〕〈慣習小言〉，《臺灣慣習記事》第五卷第三號，1905.3。臺灣慣習研究會原
著，臺灣省文獻委員會譯編：《台灣慣習記事（中譯本）第五卷上》（臺中：
臺灣省文獻委員會，1990.3），頁137。

擁有強烈的流行傳播特質,所以在臺灣人目睹日人從事這些活動後,就起而
仿傚。雖然上文未提及撞球,但撞球即循此模式流行於臺灣社會。因爲撞球
有一定的設備需求,所以剛傳到臺灣時,如果不是日人或擁有地位、富有的
臺灣名流士紳,是沒有辦法享受此等娛樂。但由民營彈球房的開設,可見撞
球已漸普及於臺灣社會。歌謠中,出現了當時這種娛樂風尙:

> 球間是卜予人解心悶
> 手舉球箠嘴咬薰
> 一球三占較省本
> 較好你散步四界運〔註95〕

按講述者言,撞球間在他差不多十歲的時候就有了,那時在農村,有錢撞球
的人不多,撞一球要三分,以當時的經濟環境來看,並不便宜,大多是有閒
錢的年輕人才會去娛樂。當時的球床和今天不同,不像現在的球床有四個洞,
當時只有四個球,二紅二白。玩的時候,對方在另一頭,自己在這頭。遊戲
規則是:假設我的母球是白的,對方的就是紅的,雙方各自用母球去撞其他
三顆球。撞到一白一紅,就得兩點;若撞到兩粒都紅的,就得三點〔註96〕。
雖然撞球是一項高級娛樂,必須花費一定的金錢,但從「球間是卜予人解心
悶」及「較好你散步四界運」來看,此種娛樂是受到歡迎與喜愛的。

雖然有肯定撞球運動的歌謠,但亦有歌謠顯露撞球是浪費金錢的休閒:

> 第一戇插甘蔗去給會社磅
> 第二戇吃煙吹風
> 第三戇吃檳榔吰紅
> 第四戇撞球相碰
> 第五戇做戲癲看戲呆〔註97〕

言撞球爲戇事,乃認此爲浪費又缺乏意義的行爲。無論對撞球這項休閒運動
是肯定或否定,可見的是撞球在臺灣社會已擁有一定的風行程度,才會引起
人們對其評價。

底下另有兩首關於撞球的歌謠:

〔註95〕胡萬川總編輯:《台南縣閩南語歌謠集(一)》(臺南:南縣文化局,2001.4),
　　　　頁210;講述者:林文振。四界運:四處遊走。
〔註96〕同前註,頁211、213。
〔註97〕臺灣省文獻委員會採集組主編:《雲林縣鄉土史料》(南投:省文獻會,1998.
　　　　11),頁185;講述者:黃興協。

一台球台四支腳

球床專門茄苳柴

知影的人緊來拍

拍久點數有精差〔註98〕

一支球篸直 bun^5 bun^5

一台球台卜像船

nge^1 mu^2 to^2 lih^4 生水無阮份

撞球無愛傷齊勻〔註99〕

歌謠中可見對撞球的熱衷，及當時撞球間有計分小姐的經營情形。

撞球的風行，連當時詩人郭水潭也感受到了，其詩作〈農村生活〉描寫了這股娛樂新浪潮：

〈農村文化〉

文化從村子盡頭的火車站直接被移入

在鄉下的粗大的石子路中央

剪短的頭髮被風玩弄

她一面擔心高跟鞋

一面拿著小提籃走

就是這樣好時髦的都市的天使

眼明手快地看到這種風景的他們

那個晚上，村子的年輕小伙子

一塊兒擁上市場傍邊剛開業的遊技場，把它擠得滿滿的

在那裏，他們不知怎樣地珍奇，而看得入迷呢

哦，呢絨製的，漂亮的球枒

各一對的紅白球

加之微笑的少女，鮮紅的嘴唇

不久他們學會了

在田野握鋤頭柄的粗糙的手

〔註98〕　胡萬川總編輯：《台南縣閩南語歌謠集（一）》，頁 214；講述者：林文振。精
　　　　　差：差別。

〔註99〕　同前註，頁 216；講述者：林文振。nge^1 mu^2 to^2 lih^4：日語，在撞球場幫球客
　　　　　計分的小姐；傷齊勻：太齊全，指每場都到。

> 不知在什麼時候
>
> 優雅地操作球杆
>
> 每天晚上，向可憐的少女戲弄。〔註100〕

詩中，可以觀察到作者欲表現現代都市文明已襲及農村的意圖。便捷的現代化運輸工具——火車將都市裡流行的事物傳播到農村，造成農村文化的轉變。撞球成為從事耕作的農村青年的新興娛樂，他們在工作餘暇的夜晚執起球桿，享受撞球所帶來的歡樂，這歡樂還包括向女性調情的歡愉。連農村都看準商機而有撞球設置，撞球在日治時期的風行於此可窺。

第二節　制度現代化

一、教育制度

　　日本推行殖民地教育，採取現代化西方教育制度。其實臺灣在劉銘傳主政時，就曾引進西洋現代教育：光緒十三（1887）年有西學堂之開設、光緒十六（1890）年有電報學堂之開設，惟規模不大，並非全面更新舊有教育體制，且自光緒十七（1891）年邵友濂繼任臺灣巡撫後，即將西學堂、電報學堂一概撤除。撤除前，西學堂總計招收六十四名學生，電報學堂則只有十名〔註101〕。

　　雖然殖民當局在臺灣施行現代化教育，但殖民地教育的本質，不過是藉現代化教育，對臺灣人智識進行有限度的啟發，並將欲灌輸予臺灣人的思想置入教科書中，使臺灣人在接受教育時，也潛移默化地吸收了殖民者所欲加諸的意識型態。日本在明治維新後，即以新式教育為手段，將忠君愛國的信念灌輸給兒童，這套國家主義教育方針，同樣被拿來施予殖民地兒童身上。總而言之，「日本殖民者發展教育的目的，並不在於提高台灣人民的整體文化素質，而是為了培養可供其利用特定的人力資源，同化台灣人民。」〔註102〕所以總督府對臺灣人接受高等教育處處設限，就是害怕臺灣人受教程度提高

〔註100〕郭水潭作，蕭翔文譯：〈農村文化〉（原作日文載於《臺灣文藝》2卷3期，1935.3，頁73），羊子喬編輯：《郭水潭集》（臺南：南縣文化局，1994.12），頁80～81。
〔註101〕參汪知亭：《臺灣教育史料新編》（臺北：臺灣商務，1978.4），頁20～21。
〔註102〕安然著：《台灣民眾抗日史》（臺北：海峽學術，2005.9），頁208。

之後，會引發思想變革，起而反抗殖民統治，這對他們來說是一件極端危險的事。殖民者的顧慮不無道理，一九○七年，法國人大膽地在河內開辦一所大學，但不久便發現，校園成了民族主義思潮的溫床。法國人於第二年關閉了學校，直到十年後才重新恢復辦學。但那時的學校已無太大意義，因爲學生們都願意到巴黎深造〔註103〕。在臺灣限制高等教育發展的結果，同樣促使許多臺人遠赴日本求學。在日本，正好遇上大正民主時期，各種思想均能自由傳布，包括激進的社會主義思想，臺灣留學生接觸這些新思潮，也明瞭世界情勢的發展演變，這使他們覺醒，終而開啓與帶動一九二○年代的社會政治運動。

　　與成人相比，處於啓蒙階段的孩童，對經由教育灌輸的思想信念，並未具備足夠的辨別與批判能力。所以許佩賢在分析大正八（1919）年一月到十二月發行的《學友》雜誌的「少年文藝」欄所投稿的兒童作文後，即發現殖民地兒童在這種培養兒童對天皇的尊崇愛意乃至對天皇制國家日本的認同，與訓練兒童具備能擔當日本國家發展所需之精神體能知識的「天皇制教育」下，所表現的思想與乙未當時的文人已有不同：

> 1895年的這個變局，對當時台灣的讀書人可以說是十分大的衝擊，思慟子、洪棄生等人的作品充分表現了當時讀書人內心的震撼與沈痛。時過二十餘年，台灣新一代兒童接受日本引進來的學校教育，對於這一個歷史變局的認識已經不同於上一代的讀書人。在兒童作文中表現的是這一個變局，是台灣從黑暗、未開化到光明、文明的轉捩點。誠然，在所謂天皇制教育之下，作文中也表現了這樣的改變都來自天皇的恩澤，不過我們也可以從字裡行間讀取出近代文明對兒童的吸引力。〔註104〕

拿孩童與成人做比較，以見接受日本教育後思想的轉變，並不是全然適當的，因爲孩童與成人的心理成熟度、思辨能力都有相當的差異。但若從孩童在作文中表現出來的認爲乙未變局後日本統治臺灣是光明的、文明的，則可察知

〔註103〕羅特蒙特（Dietmar Rothermund）著，朱章才譯：《殖民統治的結束：一九四七年八月十五日，德里》（臺北：麥田，2000.1），頁62。

〔註104〕許佩賢：〈日治前期兒童的歷史意識與公學校的歷史教育——以1910年代爲中心——〉，收錄於臺灣歷史學會編輯委員會：《歷史意識與歷史教科書論文集》（臺北：稻鄉，2003.6），頁59。

日本教科書傳遞給臺灣孩童的是何種思想了〔註105〕。

因爲殖民教育僅須對臺灣人智識進行有限度的啓發便足夠了,故總督府所貫徹者,乃以初等教育爲重點而以日語教學爲課程中心的政策〔註106〕。殖民地教育明顯採取差別政策。初等教育方面,日人子弟所就讀者爲小學校,臺人子弟則是公學校,公學校不但課程較小學校來得簡單,學校設備與師資素質亦比不上小學校。公學校爲六年制現代式教育,其前身爲國語傳習所,總督府於明治三十一(1898)年七月廿八日,以第一七八號勅令公佈公學校令,將各國語傳習所改爲公學校,並在同年八月,以第七八號府令公布公學校規則,規定學生就學年齡爲八歲以上、十四歲以下,期限六年,教學科目有修身、國語(日語)、作文、讀書等〔註107〕。雖然公學校規程曾經多次變更,但以培養國民精神與熟習日語爲教育之根本方針,是始終未變的〔註108〕。

歌謠中對日治時期公學校學制有所呈現:

一年分槓鼓

二年分恧某

三年分騎馬

四年分送禮

五年分扛轎

六年分歕鼓吹〔註109〕

據講述者言,此爲他唸漢學時,地方以婚禮進行過程來比喻公學校六年級不同階段的形態〔註110〕。公學校所施的現代化教育的課程排列是由簡入繁的,

---

〔註105〕許佩賢在對《學友》雜誌「少年文藝」欄投稿的兒童作文分析後,發現兒童作文裡有「皇國史觀」的表現,這呈現在幾個不同的面向:第一是對國統縣延、萬世一系的認知及表現;第二是對日本國家的自豪;第三是將生活的進步或改善歸因於天皇的關愛,或是對天皇的恩澤的感念;第四是由於感念天皇恩澤,因此不管做什麼事情都要謹記對天皇盡忠,以報答皇恩。這些觀念想當然爾都是經由學校教育灌輸給孩童的。參許佩賢:〈日治前期兒童的歷史意識與公學校的歷史教育——以 1910 年代爲中心——〉,收錄於臺灣歷史學會編輯委員會:《歷史意識與歷史教科書論文集》,頁 52、67。

〔註106〕黃秀政、張勝彥、吳文星著:《臺灣史》(臺北:五南,2003.8),頁 222。

〔註107〕參汪知亭:《臺灣教育史料新編》,頁 42。

〔註108〕杜武志:《日治時期的殖民教育》(臺北:北縣文化局,1997.7),頁 17。

〔註109〕江寶釵總編輯:《嘉義市閩南語歌謠集(二)》(嘉義:嘉市文化局,1998.6),頁 64;講述者:鄭坤霖。

〔註110〕同前註,頁 65。

從一年級入學到六年級畢業，爲一完整的教育與學習過程，故以婚禮的經過來比擬。從一年級順序排列到六年級，反映受業年限六年的公學校學制。

下列這首歌謠則拿公學校學制開玩笑：

一年分樌鼓

二年分炰茱

三年分三隻馬

四年分死娘嬭

五年分五六排

六年分拖去坮

高等科　放屎摵雞膏

高等科　放屎糊蠓罩〔註111〕

據講述者言，此爲日本公學校初行時，臺民拿公學校的學制開玩笑的歌謠〔註112〕。雖如同上一首歌謠，無法從中窺知殖民教育的本質，但可知日治時期初等教育存有高等科這一制度。高等科的設立，爲大正八（1919）年「臺灣教育令」中所規定，教育令中規定修業六年的公學校得設二年制的高等科加強職業教育〔註113〕。雖然多加了兩年高等科，但對臺灣人智識增長並未帶來多大的幫助，因爲日人不過是利用「高等」的美名，籠絡臺灣人，使其不求上進。又高等科完全是簡易的職業教育，與上級學校缺少聯絡，使有志升學的人受到了極大的限制〔註114〕。由歌謠中臺灣人對公學校學制的笑謔，可以發現他們似乎覺得在公學校就讀學不到什麼知識，日治當時即流傳著「國語讀六冬，不識屎桶枋」〔註115〕之語，意指就讀公學校六年，連最基本的事物辨別能力都殊缺乏，可見這種有限度的殖民地教育。

但這種現代化教育，對兒童智識的開啓也非全然無用，由底下這首歌謠即可看出：

一年的一年的悾悾，

〔註111〕江寶釵總編輯：《嘉義市閩南語歌謠集（二）》，頁66；講述者：何振燮。嬭：
　　　　母；坮：埋；摵：用手抓取；雞膏：雞屎。

〔註112〕同前註，頁67。

〔註113〕參汪知亭：《臺灣教育史料新編》，頁42～43。

〔註114〕同前註，頁43。

〔註115〕中島利郎編：《一九三〇年代臺灣鄉土文學論戰資料彙編》（高雄：春暉，
　　　　2003.3），頁115。

二年的二年的戇戇，

三年的吐劍光，

四年的愛膨風，

五年的上帝公，

六年的閻羅王閻羅王。〔註116〕

形容高年級為上帝公、閻羅王，反映高年級學生因年級高而在學校中享有權威。而由低年級的悾悾、戇戇，到中年級的吐劍光〔註117〕、愛膨風，可見經由教育，孩童的智慧得到啟蒙，變得靈巧、機靈許多。雖說殖民者帶給臺灣人民的是有限度的教育，但還是有其用處的：具現代取向的殖民教育給臺灣人日常生活帶來決定性的改變，使臺灣成為具相當程度現代性的殖民地社會〔註118〕。

二、監獄制度

日治時期日人引進臺灣的是一套已經日本化且殖民地化的西方式法律〔註119〕。與西方式法律相配合的西方監獄制度，完全有別於中國傳統的監獄制度。傳統中國法體制內，並無西方式的監獄，中國律典內有所謂的「五刑」，但其中沒有一種是將已決犯拘禁於當地「監獄」一段歲月以做為處罰者，傳統中國的牢獄，僅拘禁未決犯、等待執行死刑，或流放至遠地而暫時留置犯人。在日本領有臺灣的第一年，就引進西方式刑法的處罰方式，包括當時稱為「懲役」的有期徒刑，但因尚未設有監獄，乃拘禁於憲兵隊或警察官署內的留置場，執行法院所宣告的有期徒刑。從明治三十二（1899）年到明治三十六（1903）年，臺灣總督府投入大筆資金建造巨大且設施完備的新式監獄。到日治時期結束時，臺灣總計有八座監獄，搭配全臺的八個地方法院或其分院〔註120〕。

「懲役」係自由刑的一種，分「無期」與「有期」（一月以上十五年以下），被判懲役者，除須拘禁於監獄施以仿傚自西方的矯治教育，還須服一定的勞役

〔註116〕康原著：《囝仔歌》（臺中：晨星，2000.6），頁136。

〔註117〕「吐劍光」本是武俠片中，有武功的人，從口中吐出劍來傷人，用來比喻敢說話。康原著：《囝仔歌》，頁138。

〔註118〕黃秀政、張勝彥、吳文星著：《臺灣史》，頁222。

〔註119〕參王泰升著：《台灣日治時期的法律改革》（臺北：聯經，1999.4），頁6。

〔註120〕同前註，頁294～295。

〔註121〕。日治時期在殖民當局採行西方式刑法制度下，接受懲役的犯人按規定須在工場中進行勞動，這除可習得一技之長，行使教化功能，還可避免犯人無事可作徒生禍端，因爲藉由勞動可消磨犯人過多的精力，耗去其多餘的心思。

日治時期被判處懲役的囚犯在監獄中進行哪些勞動？又艱苦的程度如何？從下列歌謠，能一窺其中情況：

第一工場人拍鐵	手舉鐵錘仔撼鐵枝
撼來汗流仝散滴	身軀無洗黏黐黐
第二工場人得搓苧蔴	搓來二手全全篏
第三工場人做笠	林投較刺亦著剝
第四工場人油漆	父母生阮大毋值
就細毋聽父母罵	當來艱苦得受監
第五工場人織皮鞋	正手舉針倒手提
第六工場人得織藤籃	大正六年織到當
就細毋聽父母罵	當來艱苦得受監
第七工場人得綢竹椅	刀仔一人舉一支
就細毋聽父母嘴	當來艱苦無剋虧
第八工場人得做木匠	手舉寸尺就來量
量來量去量無夠	剾刀舉來就來
剾來仔剾去又一孔	第一艱苦是犯人
第九工場做土水	手舉土盤趖樓梯
趖來啊趖去毋著位	摔死犯人無所歸
第十工場洗白衫	一日決定洗一籃
就細毋聽父母罵	當來艱苦得受監
十一工場種菜園	手舉鋤頭心就酸
想卜行偎共伊問	問看當時仔通轉家方
十二工場人種菜	抵著朋友淚哀哀
想卜行偎共伊問看覓	驚伊看守偎來搵
十三工場扛石頭	雙腳跪落土腳兜
一日食您三丸飯	石頭較重亦著扛

〔註121〕參王泰升：〈百年來台灣法律的西方化〉，收錄於張炎憲、陳美蓉、黎中光編：
《臺灣近百年史論文集》（臺北：吳三連基金會，1996.8），頁389。

十四工場人得拍草索　　　　　　掠人去做犯人哥
是你阿哥仔母徹透　　　　　　　當來艱苦受監牢〔註122〕

從歌謠中「大正六年織到當」，可推知這首歌謠產生於日治時期。傅柯曾將監獄制度最終形成日期定於一八四○年一月二十二日梅特萊（Mettary）農場正式開始使用的日子。梅特萊的囚犯被分配在等級嚴明的小班中，這些班同時奉行五種模式：家庭模式、軍隊模式、工廠模式、學校模式、司法模式。其中工廠模式即有監工和工頭，負責管理工作秩序與年輕囚犯學藝〔註123〕。歌謠中提及的工場勞動，即日治時期現代化監獄制度的呈現。歌謠中呈現監獄設有不同工場，每一座工場各有相異的生產物品，犯人在監期間必須在工場中勞動的情形。昭和六（1931）年因臺共大檢舉被捕入獄的黃師樵，就描述過親身經歷的獄中情形：

> 獄中分設廿四處的工場，如打鐵熔接、木工製造家具、縫紉裁剪西裝、精製男女皮鞋、油漆粉墨、鋸木雕刻、疊席、草繩、爆竹原料等等。五花十色，件件皆能製造生產。因日久記不清那麼多，大多欲使囚犯改過自新，學一技之長，管束規律嚴格。總而言之，那時候的獄政，曁在日本帝國主義專制統治之下，行日台差別，難怪是一種慘無人道的規範。〔註124〕

黃師樵雖批評日治時期的獄政為慘無人道的規範，但對這種監獄制度亦非全然否定，他肯定獄中工場的設置讓犯人可習得一技之長。

另因「廣東事件」被判懲役的張深切，在其回憶錄中亦曾提及監獄中工場的設置與工作情形，當時總計有二十四個工場，第三工場做油漆，第四工場做皮靴，第五工場洗衣、晒衣、選別囚衣等級，第十工場做木工。張深切是被分配到第五工場，工場分為三部，右邊為洋洗部，洗看守的衣服，並承辦外面的洋洗；左邊為囚衣部，在這裏把洗好的囚衣選別等級，存起來以便

〔註122〕胡萬川總編輯：《大甲鎮閩南語歌謠（一）》（臺中：中縣文化局，1994.12），頁194～198；講述者：莊李晟。仝：同；蔑：皮膚上細小的肉刺；劉：刮；「當」來：如今；決定：一定；行偎：走近；抵著：遇到；摁：打耳光；土腳兜：地上；徹透：明白事理。「國家文化資料庫」有本歌謠的錄音資料（http://nrch.cca.gov.tw/ccahome/index.jsp），但只唱到「第五工場人織皮鞋，正手舉針倒手提」。

〔註123〕傅柯（Michel Foucault）著，劉北成、楊遠嬰譯：《規訓與懲罰：監獄的誕生》（臺北：桂冠，1994.8），頁301～302。

〔註124〕黃師樵著：《台灣共產黨祕史》（臺北：海峽學術，1999.9），頁116。

分配；另一部則爲庶務部〔註125〕。油漆、皮鞋、洗衣、木工，皆不出歌謠中所述之勞動項目。

但監獄工場的作業種類並非永久不變，隨監獄制度實行日久，不但留心作業種類，且還講求技術之進步。光緒二十三（1897）年作業種類有稻草工藝、碾米、印刷罫紙（如十行紙等），木工等十一種，多係粗工性質。後來有精細木工、製帽工、麻工、鞋工、瓦工、機工等，增加至二十餘種，不但能造精巧之工藝品供人觀覽，且還能出貨。之後又擴充到有精細木工、藤工、印刷工、洋裁等達八十餘種。犯人釋放後，賴以自立生計，有相當成就者，不在少數〔註126〕。雖然歌謠描寫犯人在監獄工場勞動的艱苦與悔不當初，但這種現代化監獄制度，使犯人習得一技之長，俾出獄後可賴以自立，是頗值得肯定的。

三、時間制度

現代化社會來臨，傳統農業社會日出而作、日落而息的生活規律產生了變化，現代化生活必須更精準的時間規定。日治時期，大部分農民的生活雖沒什麼改變，但由於現代性政府機構、工商業、及教育的發展，任職於公、教、工、商的市民生活開始改變，時間運用日益精準化，定時、定期上班工作變成了作息習慣〔註127〕。

日本殖民政府帶入各種新時間制度規定：明治二十九（1896）年，臺灣開始採用格林威治標準時間；大正二（1913）年，全島統一的報時網成立。另在總督府開始運作後，爲使官員知道正確時刻，自明治二十八（1895）年六月廿七日開始實施午砲制度，每天十一點半由近衛野戰砲兵聯隊至海軍部校準時鐘後，於正午發砲提醒人們校準時刻，只是午砲聲僅限於臺北城，無法傳到全島；臺南市在大正二（1913）年也由民間成立「午砲組合」；臺中則至大正十（1921）年六月廿七日才有午砲；當時較小的街鎮應當也有午砲的實施。不過大正十（1921）年，由於華盛頓軍縮會議對日本軍備的約束，

〔註125〕張深切著，陳芳明、張炎憲、邱坤良、黃英哲、廖仁義主編：《張深切全集〔卷一〕里程碑——又名《黑色的太陽》》（臺北：文經社，1998.1），頁330、482、483、484、498、503。

〔註126〕井出季和太著，郭輝編譯：《日據下之臺政》，頁302、875。

〔註127〕張明雄、單兆榮、郭亭著：《躍昇的城市——臺北》（臺北：前衛，1996.9），頁189。

日本爲裁撤一部分兵力，遂將此看起來與實際軍備不相干的午砲預算全數刪除，這些地方只得相繼結束午砲制度。但這並不代表日本對於時間控制力量的鬆動，大正十（1921）年，臺灣總督府開始推行「時的紀念日」，從本年開始的二十年間，每到六月十日，各地就會利用種種方法宣傳惜時的重要性。在時間精準化、標準化的要求下，臺灣自明治二十九（1896）年到昭和八（1933）年間至少進口了 270,487 只掛置鐘，昭和五（1930）年，全臺灣至少有31%的家戶有掛置鐘。臺灣人開始習慣現代化時間制度，遵循標準化時間以安排行動，養成了臺灣人尊重秩序與規定的習慣〔註128〕，這也是總督府推行現代化標準時間制度的一項重要目的。另一項重要目的，乃出於時間爲資本主義生產計算勞動剩餘的關鍵，這是殖民當局在臺灣發展資本主義所必需的。

　　除殖民者有意培養臺灣人現代性時間觀念，臺灣人在接觸現代事物時，亦不知不覺地順帶接受此種時間觀念，如前文談及現代化運輸工具 ── 火車。火車行車有固定的時間表，搭乘火車的臺灣人，爲能準時搭車，就必須接受這種現代性時間規定，久而久之，這種時間觀念必然內化成生活習慣。在有關火車的歌謠中即有時間精準化的呈現：

　　　　火車起走嘟嘟叫，七點半鐘到板橋；

　　　　板橋查某水甲俏，回去賣某給娘招。〔註129〕

第二句的七點半鐘，亦有作一點五分、三點五分、五點十分或十點半鐘。不論哪一種時間，所表現的已不是大約什麼時候的模糊時間觀念，而是精準到「分」的時間制度，這表示臺灣人心中已具備現代性時間觀念。在陳虛谷小說〈放炮〉中，描寫喜歡接受臺灣人請客款待的眞川巡查在過午辦公時聽聞炮聲，想必會得到招待，而癡癡等待終於落空的場景時，就呈現了精準化與標準化的時間描寫：

　　　　啊啊！今晚不曉得再有誰來招待沒有？他正在想得出神的時候，恍

　　　　惚聽見一陣炮仔聲，趁著風兒從耳邊掠過。他陡覺省，精神百倍，

　　　　完全消失了懶懶欲睡的神氣，他看時鐘正指著三時半，他想：這陣

　　　　炮聲、畢竟是誰家放的？直到現在何以還不見到來招待？他查閱書

〔註128〕呂紹理：《水螺響起 ── 日治時期台灣社會的生活作息》（臺北：遠流，1998.3），頁 1、41、54、56、63、64、90、177。

〔註129〕臺灣省文獻委員會採集組主編：《臺北縣鄉土史料》，頁 56；講述者：林衡道。

類，又問了書記，都是不知下落。……日頭將近落山，眞川等得不
耐煩了。……他時仰首看著壁上的時鐘，時鐘是答答的不停地進行
著，五點、五點半、以至於六點、他心理著急了。他頓覺著四圍昏
黃了。他再坐也坐不下去，快快收拾書類。跑開辦公室到外面去了。
他見天色還很光亮，他疑心到時鐘是不對的 —— 是進行得特別快
的。他極願望他的疑心是沒有錯。是！的確是時鐘不對的！天色還
未黃昏，那得便是六點半。〔註130〕

從三點半初聞炮聲滿懷喜悅，到五點、五點半、六點無人來邀請逐漸著急，
再到六點半終於失望，陳虛谷成功運用時間的流逝，來刻畫這位可鄙的巡查
的心理變化。小說中對時間運用之自然，可知日治時期臺灣人現代性時間觀
念已是相當清楚了。

因爲社會上許多事物都被納入現代性時間制度中，如：政府有固定辦公
時間、工場有規定的上、下班時間，火車有一定的到、離站時刻，所以若想
便利與順利地生活在這個現代化社會中，計時工具便成必備之物，時鐘因此
漸成每個家庭不可缺少的普遍計時工具，反映在歌謠中，爲時鐘此物的出現：

時鐘看來四點半，冷水洗面通心肝；

有僥無僥人在看，隨人伸手摸心肝。〔註131〕

千里路途無嫌遠，見面親像蜜攪糖；

苦不時鐘行倒返，好話未講天卜光。〔註132〕

從歌謠中可觀察出，時鐘已成臺灣人律定時間的器具。經由時鐘，臺灣人知
曉確切的時間，因爲望與情人多相聚些時，自然產生時鐘能「行倒返」之期
盼，如此與情人相處的時間就能長點。這不過是癡傻的想法，逝去的時光哪
能倒流，但從中也可看出時間與時鐘是劃上等號了。雖然時鐘並非歌謠主要
的描述對象，但由其被用於歌謠中，即知臺灣人已經習慣現代性時間制度了。
屏東縣萬丹鄉流傳的「萬丹時鐘慢ㄉㄢˊ」，即因日治時期臺灣社會進入現代
性時間規範而產生〔註133〕。

〔註130〕陳虛谷：〈放炮〉，陳逸雄編：《陳虛谷作品集》（彰化：彰縣文化局，1997.12），
　　　　頁60～61。
〔註131〕懺紅輯：〈黛山樵唱〉，《三六九小報》七十三號，昭和6（1931）.5.13，2版。
〔註132〕怒濤：〈歌謠拾遺〉，《風月報》一三一期，昭16（1941）.6.1，18版。
〔註133〕日治時代，在昭和元（1926）年所建的萬丹庄役場，也就是萬丹鄉公所的前
　　　　身，當時庄長的助役許丙丁先生，常對上班遲到的同仁諷刺說：你的時鐘慢

第三節　社會風氣新變

一、新潮人物──烏貓、烏狗現身

　　日治時期臺灣社會現代化，除表現於物質、制度，還在傳統觀念的打破與更新。現代化社會中出現了一批引領流行的人物，這些人穿著打扮新潮時髦，行為亦開放大膽，被稱為烏貓、烏狗。「烏貓」大約在昭和三（1928）年開始出現的，相當於摩登女郎，她們對衣服的流行頗為敏感，做大膽濃豔的打扮，喜遊連於歡樂場中，如咖啡廳、喫茶店、遊技場、電影院、旅社等；「烏狗」則為摩登公子加不良青年、惡棍、軟派的無賴漢的總和，但稍微奇裝異服者，也有可能被指為烏狗〔註134〕。

　　烏貓、烏狗這類新潮人物在日治時期產生，連帶許多歌謠以這兩種人物為主題：

　　　　烏貓哥嫁烏狗夫
　　　　哥扐白貓做媒人
　　　　是哥是不定來送
　　　　扐無烏貓嫁別人〔註135〕

　　　　人講烏貓是啥款
　　　　衫穿短〃裙下高
　　　　有穿長衫花色緞
　　　　有掛手錶無手環
　　　　人講烏狗都落一个
　　　　衫穿束腰褲穿低
　　　　毛巾塞滯胸前下
　　　　手指目鏡紅皮鞋
　　　　烏貓豎滯巷仔口

　　　　ㄅㄢˊ（手錶走得慢），所以才遲到，後來變成訛音「萬丹時鐘慢ㄅㄢˊ」這句口頭禪，在昭和十二（1937）年以後開始在萬丹地區流行，當時如果說你的手錶是「萬丹錶」，表示你的手錶是不準的，也不是什麼名錶，所以才不準。李明進著：《萬丹鄉采風錄》（屏東：屏縣文化局，1998.4），頁107。

〔註134〕劉捷：〈大稻埕點畫〉，收錄氏原著，林曙光譯註：《臺灣文化展望》（高雄：春暉，1994.1），頁261～262、271。

〔註135〕秋生輯：〈臺灣話文嘗試欄〉，《南音》1卷2號，1932.1，頁30。哥：欲；扐：不然、抑。

激夠一身白電〃
烏狗看著假咳嗽
烏猫挽手合點頭
烏猫帶在三層樓
烏狗竪滯土腳兜
二人約束假咳嗽
厚人看著擲石頭〔註136〕
一更〃鼓月照山
烏狗數想烏猫娟
街頭巷尾找無伴
找無一个烏猫娟
二更〃鼓月照庭
烏猫數想烏狗兄
人講猫嬈袒無影
但愛烏狗做陣行
三更〃鼓月照門
烏猫烏狗一項物
站的車路想哥爽
天壽電火簡即光
四更〃鼓月照窓
烏猫哥嫁烏狗夫
烏狗數想猫一項
來去公園恰無人
五更〃鼓天漸光
猫狗結婚免眠床
天公拜了無哥返
來去海墘公會堂〔註137〕

〔註136〕秋生輯：〈臺灣話文嘗試欄〉，《南音》1卷4號，1932.2，頁17～18。裙下
　　　　高：裙擺高；都落一个：那一個；竪滯：住在；激夠：故意裝得；白電〃：
　　　　雪白狀；挽手：揮手；合：和；帶在：住在；厚人：給人。以上註解參楊
　　　　麗祝著：《歌謠與生活：日治時期臺灣的歌謠采集及其時代意義》，頁120。
〔註137〕秋生輯：〈臺灣話文嘗試欄〉，《南音》1卷4號，1932.2，頁17。數想：妄想；

這三首歌謠均以烏貓、烏狗爲主角。第二首可見烏貓、烏狗新潮時髦的裝扮，外表摩登；第三首則見烏貓、烏狗大膽開放的思想行爲，半夜竟相偕至公園歡好，而且從歌謠詞意看，這烏貓、烏狗還素昧平生。歌謠中顯露烏貓、烏狗這類人物的行爲特質，社會風氣的轉變於此亦可知。其實不止上引這些日治時期刊載之歌謠，一些戰後蒐錄（不知起源是否在日治時期）的歌謠，也有以烏貓、烏狗爲歌中主角〔註138〕，可見烏貓、烏狗這兩種人物在日治社會

袒無影：沒這回事。

〔註138〕僅將搜集到有關烏貓、烏狗的歌謠錄於下：

一、尻尾烏貓串穿穿ばんべ，心肝注想少年家，是娘生婿母懸佫母低，阿兄嫌汝屁股較大个。洪敏聰著：《澎湖水調：澎湖的褒歌續集》，頁 85；講述者：許佛求。

二、雞公相拍嘴拄嘴　老鼠仔跍壁免樓梯　烏狗看著烏貓婿　無錢通開上克虧。胡萬川總編輯：《龜山鄉閩南語歌謠〈三〉》（桃園：桃縣文化局，2005.3），頁 158；講述者：陳謝滿。

三、烏貓　烏貓　飼繪大　明仔載人卜娶　姨仔　姨仔　我毋嫁　戇子　戇子　你著嫁新子婿　眞 le³tau²　新蚊帳　無虼蚤。胡萬川總編輯：《彰化縣民間文學集 1 歌謠篇（一）》（彰化：彰縣文化局，1994.6），頁 94；講述者：胡林翠香。

四、薃松烏貓啊結一黨　中央彼隻是烏貓王　大隻欲去給細隻的講　叫妳細隻打扮穿洋裝　洋裝穿好無愛穿　阮欲穿連條仔較流行　高崎皮鞋攢來穿　手骨流行復掛時鐘　連條穿好是訶起行　埔仔過了到下庄　下庄過了是車埕下　車埕過了到溪底　看著溪水白麗晰　叫欲稱葷撑我過　撑葷的問妳欲去佗位　問妳不應上蓋衰　這回較苦撑你過　後回欲予恁準烏飛　溪底過了是溪防岸　舉頭起來看是後崩山　崩山過了是林內橋　行到腳底將欲燒　想欲褪鞋驚人笑　較苦行到磚仔窯　磚仔窯過了到田寮　行到腹肚將欲枵　四隻烏貓褲頭攏較牢　田寮過了是朴子街囉　看著人馬這麼多　叫恁大家閃較退　阮欲入來阿玉仔個店食一杯茶。黃哲永總編輯：《六腳鄉閩南語歌謠集》（嘉義：嘉縣文化局，1997.6），頁 172、174；講述者：黃王險。

五、一日食飽無頭路　要作生利何一途　想要少年黑貓某　來去公園青草埔。簡上仁編輯：《福爾摩沙之美——臺灣的傳統音樂》（臺北：文建會，2001.12），頁 180。

六、黑貓黑貓飼未大　明仔早仔人要娶　新子婿　二十外　穿長衫　疊馬褂。施福珍作曲：《台灣囝仔歌曲集②》（彰化：施福珍，1996.5），頁 19。

七、一二三，舉旮擔；四五六，拍碌磚；七八九，烏貓娶烏狗；烏狗走去閂，烏貓哭瞴瞴。賴妙華等編作：《臺中市民間文學采錄集》（臺中：中市文化中心，1998.5），頁 10；講述者：賴妙華。

八、雙跤踏佫鹹菜甕，鹹菜食了甕空空；阿兄錢銀眞 thak sang²，卜娶烏貓電頭鬃。黃鴻禧主編：《員山相褒歌》（宜蘭：員山鄉公所，2002.2），頁 32。

九、烏貓裝做女學生，別人看著成成成，第一破格有一症，見到烏狗走進前。

變遷中的表徵性。

二、自由戀愛興起

在有關烏貓、烏狗的歌謠中，有描寫烏貓、烏狗約會情景者，可知當時
自由戀愛之風氣：

> 烏猫穿裙無穿褲，烏狗穿褲激拖土，
>
> 欲娶烏猫去散步，腳骨若瘁坐草埔。〔註139〕

現代化助長個人主義，使婚配及親子關係均受個人主義的影響，即使是團體意
識強烈的社會亦然，自願的擇偶方式取代了傳統由親族安排婚姻的方式〔註
140〕。傳統家長制媒妁之言的婚配模式被打破，擁有婚姻自主權成為青年們的
要求，在這種時代背景下，產生烏貓和烏狗大方去約會的歌謠。這種傳統婚配
觀念的改變大概始於一九二○年代，當時臺灣社會舊有的規範逐漸衰微，又有
文化啓蒙運動對舊有男女倫理觀念加以抨擊，男女的社交逐漸開放，連帶使得
風靡一時的流行歌曲大都與男女戀情有關〔註141〕。臺灣知識分子如王敏川、
張我軍、蔡培火等就力倡自由戀愛、婚姻自主，臺灣民眾黨在昭和二（1927）
年成立時，黨綱中「改革社會制度之缺陷」部分亦有「提倡婚姻自由」之條文
〔註142〕。社會上一些趕時髦的青年男女，則流行一句「維新世界、自由戀愛」
的口頭禪，和傳統倫理婚姻觀念的「父母之命、媒妁之言」相對抗〔註143〕。

由日治時代職業戲班丑角所唱的喀仔板也可看出當時自由戀愛的興起：

> 近來查某上僥倖，父母主婚伊姆肯，起風波，鬧家庭，鉸頭鬃，結
>
> 流行，四界選愛情。烏狗頭前機器下治駛，烏貓後邊目尾一直拖，
>
> 等待眾人一列散，二人才來結相披。烏狗欲親貓嘴巴，沒注意撞到

　　黃哲永編：《台灣民間文學精選集》（嘉義：黃哲永，1996.11），頁56。
〔註139〕李獻璋編著：《臺灣民間文學集》，頁27。
〔註140〕莫耳（Wilbert E.Moore）著，俞景蓮譯：《社會變遷》（臺北：巨流，1988.4），
　　　　　頁142。
〔註141〕溫振華：〈日本殖民統治下臺北社會文化的變遷〉，《臺灣風物》37卷4期，
　　　　　1987.12，頁24。
〔註142〕參戴寶村：〈台灣文化協會年代的生活革新運動〉，收錄於張炎憲、曾秋美、
　　　　　陳朝海：《20世紀台灣新文化運動與國家建構論文集》（臺北：吳三連台灣史
　　　　　料基金會，2003.3），頁29。
〔註143〕陳健銘：〈從歌仔冊看臺灣早期社會〉，《臺灣文獻》47卷3期，1996.9，頁
　　　　　91。

銅線批，大人看到會哭爸，將人掠去衙門底，搧鬢邊，踢一下，這擺姆知恰失禮，恰失禮呀恰失禮。〔註144〕

現代化社會中個人主義的崇尚，殖民者所引進的西方式法律制度中對女權的承認〔註145〕，以及現代化教育的薰陶，使女子開始意識到自己該擁有獨立的人格與人權，不該被家族權威所控制。加上職業婦女產生，工作使女性與異性接觸日廣，追求婚姻自主、戀愛自由的觀念亦隨之普及〔註146〕。是以女子勇於追求自己屬意的愛情，就算鬧出家庭風波也在所不惜，不管是剪髮，或高倡自由戀愛，均是衝破傳統的新作為與新思維，也是當時社會新流行的風潮與風氣。

社會風氣開放中，社會整體觀念的轉變是逐步的，而非呈跳躍式發展，當這些崇尚自由戀愛的男女泰然自若的走在一起，還是有人會嚇了一跳似的張大眼睛來看，這時孩童往往會跟在他們後頭拍手叫著：「烏貓、烏狗，サービス service」，嘲笑他們「男女戲愛太親密」〔註147〕。由此可觀臺灣社會在傳統、摩登兩種觀念衝突中，漸漸拋卻舊有婚媒觀念，而向新式自由戀愛路上走去。只是這種新潮的自由戀愛觀，對日治時期傳統的老一輩臺灣人來說，還是難以接受的新觀念，「興話箃查某無碇無對」這句話就是因父母的舊式婚配觀念而產生的〔註148〕。怒濤在《風月報》一二五期〈歌謠拾遺〉中即

〔註144〕陳健銘：《野台鑼鼓》（臺北：稻鄉，1995.1），頁76。

〔註145〕如對女性「離婚權」的承認，使女性「可以基於自己的意思，利用國家的司法制度，尋求法律上的支援達成離婚的目的。傳統家族父權制下的離婚，女性幾乎無法以自己的意志決定離婚，也沒有制度上的管道可以用以對抗家族父權的宰制掌控。裁判離婚制度的建立，同時也就意味著『公領域』的法律制度賦予了在傳統父權制下沒有出路的女性對抗『私』領域父權的可能性。運用權利於主張個人的自我價值、宣稱自我的存在的同時，也就是女性對抗傳統家族父權的社會實踐。」陳昭如：〈日本時代臺灣女性離婚權的形成——權利、性別與殖民主義〉，收錄於王慧芬等作，若林正丈、吳密察主編：《臺灣重層近代化論文集》（臺北：播種者文化，2000.8），頁231～232。

〔註146〕游鑑明：〈日據時期的職業變遷與婦女地位〉，收錄於李國祁總纂：《臺灣近代史・社會篇》（南投：省文獻會，1995.6），頁131。

〔註147〕陳宗顯著：《台灣人生諺語》（臺北：常民文化，2003.3），頁135。

〔註148〕日治時代，日本的糖廠會社，在興化節村落旁有一甘蔗農場，因培植甘蔗生長期很長，從育苗到採收，都需要不少的人手，而興化節女孩，因地緣關係，都到甘蔗農場工作，認識的異性也較多，因此常有夢中人，有時父母不曉得，在媒妁之言，父母之命的時代，硬要匹配給他人，往往談好要訂婚了，結果女孩私奔或反對，這樣的例子不少，因此才有「興話箃查某

談到家長、子女間婚姻觀念差異的現象：

> 十年前唱戀愛結婚，當時女子盛行電髮，……，有心人憂之，道學
> 先生惡之，習慣成自然，今日已不成問題，無害善良風俗者，亦無
> 以古爲是，今爲非也。在反對聲浪高調之中，有綴長文通〃鳴而攻
> 之，家庭非常戒嚴，不果願者，血凝心中，香銷玉碎，悲劇繼演，
> 無理束縛之親權者，大起恐慌。〔註149〕

家庭阻撓戀情，強制婚配對象，造成悲劇上演。因此現象產生了相關勸告歌
謠，怒濤將此歌謠錄於後：

> 男女若有相中意，愛情發生連當時；
> 正當戀愛有合理，免照古禮來維持。
> 戀愛結婚無甚果，尚過束縛有事來；
> 未必古早勝現代，論長論短不應該。
> 有粟見風出風櫃，粳米縛粽難做堆；
> 性情無合油攪水，強制婚姻快離開。
> 阻人戀愛無理解，發生結果最悲哀；
> 戀愛若是逢阻碍，失望到底什麼來。
> 最大希望是愛情，生命敢願做犧牲；
> 黃金到時無路用，戀愛用錢買不成。
> 戀愛此貼好藥方，百年偕老歲壽長；
> 不可一時失打算，消瘦落肉面青黃。
> 鳥隻痛子的苦代，猛獸失羣的悲哀；
> 何況人額的戀愛，離開較慘拖去刣。
> 鳳求凰兮心相同，斬草除根敢不可；
> 鼇索失了雙掛桶，到時反悔尋無人。〔註150〕

歌謠中倡言自由戀愛的合理、可貴，與傳統強制婚姻的不人性，而要爲人家
長者切莫阻礙子女自由戀愛，以免子女因戀愛至上觀而殉情，父母到時反倒
後悔莫及、自嘗苦果。所以雖然當時自由戀愛、自擇婚配對象的社會風氣已
經形成，但最初這種觀念的轉變主要還在年輕一輩的臺灣人身上，固守傳統

　　無碇無對」這個典故來源。參李明進著：《萬丹鄉采風錄》，頁109。
〔註149〕怒濤：〈歌謠拾遺〉，《風月報》一二五期，昭和16（1941）.3.3，16版。
〔註150〕同前註。

的老一輩臺灣人對這種文明時代的新觀念是較不容易接受的。另從歌謠中的勸告之語，可知家長與子女因婚配觀念歧異而衍生的衝突，是當時一個必須注意的家庭問題。

第四節　小　結

　　由上文論述可知，臺灣於日治个時期在日人施政主導下轉型為現代化社會，這表現在物質、制度與精神三方面。歌謠中，可觀日治時期臺灣社會現代化的諸般現象：物質方面有交通、住宅、衣著裝扮、休閒娛樂，制度方面有教育制度、監獄制度、時間制度，精神方面的社會風氣改變，則包括烏貓、烏狗此類新潮人物的現身及自由戀愛興起。經由歌謠中這些現代化物事的展示與描寫，可知日治時期臺灣人的生活型態，已與前清時期大不相同。

　　歌謠中呈現臺灣社會現代化的痕跡，許多臺灣人對這些西方科技文明產物已不再感到陌生，當時即連傳統文人亦有以西方新事物為歌詠對象的「新題詩」，展現其現代性體驗，其中包括新式機器產物的描摹、都會文明或商品世界的勾勒、對現代人「身體」的現代體驗的表達〔註151〕，傳統詩作中所表現的已非臺灣的傳統生活與固有事物，而是臺灣社會現代化中的新事物與新精神。雖然現代化就這樣大剌剌地出現在臺灣人身旁，令人無法不感知它的存在，但日治時期臺灣社會的現代化終究非全島與全面的，現代化程度在城鄉之間還是存有相當的差距。就以電燈觀察：昭和十二（1937）年時，只有36.3%的臺灣家庭有電燈〔註152〕，據日治末期因戰爭撤退到雙冬地區的臺北女子師範學校教授鹽澤亮的描寫，當時的雙冬既無電燈，也無報紙、收音機〔註153〕。甚且每項現代化事物的普及程度也不一致，端視何種事物擁有較強的「生活必須性」，即以出生於日治末期的筆者母親的回憶來看，據她所述，在她小時候（尚在日治時期），家中就已有時鐘了，但至少在她二十二歲前，家中都未裝

〔註151〕參黃美娥：〈第三章・實踐與轉化 —— 日治時代臺灣傳統詩社的現代性體驗〉，收錄於氏著：《重層現代性鏡像：日治時代臺灣傳統文人的文化視域與文學想像》（臺北：麥田，2004.12），頁165～174。

〔註152〕E. Patricia Tsurum 著，林正芳譯：〈日本教育和台灣人的生活〉，《臺灣風物》47卷1期，1997.3，頁91。

〔註153〕鹽澤亮繪著，張良澤翻譯：《從臺中雙冬疏散學校到內地復員繪卷：一位臺北女子師範學校教授在戰爭末期的紀錄》（南投：臺灣文獻館，2006.12），頁28。

設電燈，那時臺灣脫離日本統治已十多年了。在殖民地遵守現代性時間制度後，只要在這個社會生活，就不可能不依循此標準化時間行動，沒有時鐘自是極不方便之事，但電燈，有當然最好，沒有，傳統的照明設備也足堪使用。

而且，在越現代化的地方，殖民者對臺灣民眾的控制也越強烈，蔡秋桐小說〈興兄〉中，故事主角興兄至古都臺南去尋他的兒子，在這個高度現代化城市中，興兄因為犯著左側通行，被交通取締警察給扭住，讓興兄不禁「感覺都會怎麼如此艱難過日呢」〔註154〕。另外，需要了解的是，日治時期有些現代化是靠剝削臺灣人達成的，這在陳虛谷〈縱貫鐵路〉詩中即能得見：

> 基隆直造到屏東　那管農家事正忙
>
> 土地沒收還不足　荷鋤更作無錢工
>
> 拋卻收冬造路來　農民個個哭聲哀
>
> 強權抵抗無能力　但願天無風雨來〔註155〕

縱貫鐵路之修築根本是靠強奪臺灣人土地，且強制臺灣人奉獻免費勞力所建成的。

是以日治五十年間臺灣的確有進步，但這種進步不過是殖民政策下有限性的進步〔註156〕。現代化也不是為追求臺灣全體民眾福祉的現代化，而是以殖民者利益為首要考量的「惡意下的現代化」，如電話線路，在明治三十三（1900）年前，純為鎮壓殖民地臺灣人民的反抗而架設〔註157〕。所以臺灣人若是因此享受到現代化的恩澤，那只能說在殖民者的期望之外，這是在見到日治時期臺灣社會現代化時該了解的背後真相。無怪乎賴和在〈無聊的回憶〉中會這麼說：

> 時代說進步了，的確！我也信它很進步了，但時代進步怎地轉會使人陷到不幸的境地裏去？啊！時代的進步和人們的幸福原來是兩件事，不能放在一處併論的喲。〔註158〕

〔註154〕蔡秋桐：〈興兄〉，收錄於楊雲萍、張我軍、蔡秋桐作，張恆豪編：《楊雲萍、張我軍、蔡秋桐合集》（臺北：前衛，1992.7），頁209～219。

〔註155〕陳逸雄編：《陳虛谷作品集》，頁192。

〔註156〕陳紹馨：《臺灣的人口變遷與社會變遷》，頁105。

〔註157〕參曾汪洋：《臺灣交通史》，頁92。

〔註158〕李南衡：《日據下台灣新文學明集1・賴和先生全集》（臺北：明潭，1979.3），頁229。